自 序

本书的前九章写于 1945 至 1946 年，其余部分写于 1953 年，唯一的例外是下部的第二章，此章是我接受诺贝尔文学奖时在斯德哥尔摩的致辞。我本打算将有关伦理学的讨论收入我论述“人类知识”的著作，但后来打消了这个念头，因为我不太确定在何种意义上伦理学可以被视为“知识”。

本书的写作目的有两个：首先是阐释一种非教条的伦理，其次是把这种伦理应用于形形色色的当代政治问题之中。本书的上部对于伦理的阐释并没有什么惊人的独到之处，这般阐释是否有价值连我自己也不太有把握。只不过当我对政治学问题做出伦理学判断的时候，批评家们不断告诉我，既然我不相信伦理学判断的客观性，就没有权利这么做。我认为这种批评没有道理，可是要证明它没有道理三言两语又讲不透彻，必须展开论述。

本书的下部无意提出一种完整的政治学理论。我在以前的著作中已经论述过政治学理论的各个方面。在此，除了那些和伦理学密切相关的方面，我只论述于当前极为重要的具有现实意义的方面。我希望通过将我们的实际问题置于一个宏大的非个人的框架，或许能让人们在看待这些问题时少一些激动，少一些狂热，少一些忧虑和烦恼。如果只在当代语境里看待它们，就很容易产生这些情绪。

本书自始至终关注的是人类的种种热情及其对于人类命运的影响。我也希望借此消除一种误解，这种误解不仅是针对我个人的作品的，也针对我大致认同的那些人的所有作品。批评者们习惯于对我做出某种谴责，从中可以看出他们对我的作品有着严重的成见，以至于不管我说什么他们都充耳不闻。他们再三告诉我，说我高估了理性在人类事务中所起的作用。也就是说，批评我的人相信人类是无理性的，我却认为人类并不缺乏理性，也不应该缺乏理性。在我看来，我的批评者从一开始就犯了一个错误，是他们而不是我不合理地高估了理性所能起到的作用，因为就在于他们完全没有弄清楚“理性”这个词究竟是什么意思。

“理性”有极其清楚而准确的含义，即选择对的手段来实现你希望实现的某个目的。它和你的目的是什么毫不相干。不承认人类有理性的人是意识不到这一点的，总觉得倡导理性的人想让理性既支配目的，也支配手段，但又无法在理性主义者的作品里找到任何理由来支持这种观点。有句名言说："理性是并且只应当是热情的奴隶。"此言并非出自卢梭、陀思妥耶夫斯基或萨特，而是出自大卫·休谟。对于这句话所表达的观点，我像每个努力遵从理性的人一样毫无保留地赞成。当批评者们告诉我——这种情况经常发生在我身上——我"几乎完全低估了情绪在人类事务中所起的作用"时，我想知道，据他们揣测，我究竟是把何种动机视为对人类事务起支配作用的力量。欲望、情绪、激情中的任何一个（随你选哪个）都可能引发人的行为，理性则不然，它只是调控因素。如果我想坐飞机去纽约，理性告诉我最好是搭乘一架飞往纽约而不是君士坦丁堡的飞机。我想，在那些觉得我过分理性的人看来，我应当在机场等得心急火燎，然后看到一架飞机就迫不及待地跳上去。等飞机降落在君士坦丁堡，我发现周围都是土耳其人而不是美国人时，还应该盛怒之下破口大骂。我猜，如此行事才是正人君子的做派，并且还会被我的批评者们赞誉。

因为我说对于创造一个更加美好的世界而言，邪恶的热情是唯一的障碍，一位批评者先是严厉地批评了我，进而得意洋洋地质问我："但凡是人的情绪，必然是邪恶的，难道不是吗?"这位批评者是在看了我的一本书[①]后得出了这样的反对理由。

① 指罗素 1952 年的著作《科学对社会的影响》。——译注

在那本书里，我说世界需要基督式的爱，或者说同情心。这当然是一种情绪，我说这正是世界所需要的东西，而不是在指出理性是驱动世界的力量。我只能揣测，因为这种情绪既不残忍，也没有毁灭性，所以对于鼓吹无理性的人没什么吸引力。

既然如此，为什么要这样的勃然大怒，以至于人们在阅读我的作品时对于即便是最清晰的主张也视而不见，继续肆意曲解我的话呢？促使人们仇恨理性的可能是基于如下几种动机：比如，你内心的欲望可能是彼此排斥的，可你却不想意识到这一点。又如，你可能希望花的比挣的多，同时还一直有偿债能力，以至于朋友们一旦指出你这是在异想天开时，你就会对他们生出恨意。如果你是位老派的中小学校长，你可能一面觉得自己怀着济世爱人之心，一面又想用藤条狠狠地抽打学堂里的男童，从中获得莫大的快感。为了调和这两种欲望，你不得不说服自己相信鞭笞有感化之效。如果精神病学家告诉你，鞭笞在一帮让人火冒三丈的年轻罪人身上起不到这种效用，你就会勃然大怒，指责他缺乏感情，一味凭理智行事。著名的拉格比公学的阿诺德博士[①]曾怒斥那些鄙视鞭笞体罚的人，而他自己恰好是这一做法的绝佳例证。

钟爱非理性还有个更为邪恶的动机。如果人们足够非理

① 1795—1842，英国教育家、历史学家。1828 年至 1841 年任拉格比公学校长。——译注

性，你就能诱使他们以为是在满足自己的利益，实际上却是在满足你的利益。这种情况在政治上非常普遍。大多数政治领袖之所以能够地位显赫，靠的正是让老百姓相信，各种各样的利他欲望是驱使他们采取行动的动力。这很好理解，而且这种念头会在兴奋感的影响下更容易被民众欣然接受。铜管乐队[①]、暴民演说、动用私刑和挑起战争是兴奋感发展的几个阶段。据我猜测，倡导无理性的人认为，如果能一直让民众处于亢奋状态，欺骗他们以牟利的机会就更大。也许正是因为我不喜欢这种过程，才导致人们对我的批评，说我过分理性。

不过，我也会把这些人推向一种两难境地：既然理性的本质是根据目的适当地调整手段，那么唯有那些认为人们应该选择与自己公开承认的目的背道而驰的手段，并认为这样做是件好事的人，才会反对理性。这意味着两种可能：要么在如何实现公开承认的目的这一点上，人们受骗了；要么人们口是心非，公开承认的目的和内心真正的目的大相径庭。希特勒的演说极具煽动性，以致大量德国民众被引入歧途，这是第一种情况的例证。阿诺德校长一面享受拷打男童的快感，一面继续把自己想象成仁爱为怀的人道主义者，这是第二种情况的例证。

---

① 铜管乐队产生于英国，19 世纪工业革命时期，很多工人热衷在业余时间参加政治活动，企业家为了转移他们的注意力，纷纷资助工人成立铜管乐队。此处以铜管乐队的组建作为人们对政治产生兴趣的初始阶段的标志。战争则是发展到极端的标志。——译注

我觉得，这两个反对理性的理由从道德上讲都是站不住脚的。

一些人反对他们想象中的理性，是基于其他理由。他们认为，强烈的情绪是符合人们需要的，没有人会在产生强烈情绪时保持理性。他们似乎还认为，任何感受到强烈情绪的人必定会丧失理智，做出蠢事，他们因为这表明当事人是满腔热情的而拍手叫好。然而，当自我欺骗产生的并不是他们乐见的后果时，他们的想法又不一样了。例如，一位将军因恨敌人入骨而变得歇斯底里，无法进行理性的运筹帷幄。这样的事谁也不会接受。有人觉得熊熊的热情会妨碍人们对方式方法做出正确的评估，实情却并非如此。有些人身上燃烧着热情，比如基督山伯爵，正是热情引导他选择了正确的手段。别对我说大人物的目标都是非理性的，除了不可能实现的目标之外，根本不存在什么非理性的目标。传统观点中，不轻易动感情、善于冷静处事的人往往遭人诟病，其实未必如此。美国内战期间，林肯巧妙运用政治手腕，不受强烈情绪的左右，结果招致废奴主义者的口诛笔伐。那些热情高涨的追随者希望林肯行事能更加铁腕，可这并不会使奴隶获得解放。

我认为，这个问题的本质在于：狂热不是什么好事，处于狂热中的人会因此鲁莽行事，其结果往往事与愿违。比如，他们在跑步穿过街道时被车撞死，因为没法停下脚步注意车流。赞美这类行为的人不外乎两种：要么是想彻头彻尾变得虚伪的人，要么是某种自我欺骗的受害者，并且深陷其中难以自拔。

我不以鄙视这两种思想状态为耻。如果人们因为我鄙视它们而指责我过于理性，那么我愿意认罪。可是，如果人们据此推测我不喜欢强烈的情绪，或者以为我认为除了情绪以外，任何东西都可以成为行动的起因，那么我会断然否认这种指控。我希望看到一个这样的世界——在此，各种情绪都非常强烈，却不具毁灭性；因为得到了公开承认，所以不会导致自欺欺人。这样一个世界会包括爱、友谊以及对艺术和知识的追求。至于那些想要某种更加兽性、嗜血的东西的人，我无意满足他们。

1992年版导言

本书是罗素对其伦理学和政治学立场最终的完整论述。书中出现的材料本来要作为《人类的知识：其范围和限度》(1948) 的一部分，但这么做除了让那本书变得冗长外，还面临一个难题，即罗素开始怀疑有价值的知识究竟是否存在。不过，罗素确实希望对一些批评者做出回应，他们批评罗素过分理性，在其哲学观里没有给人类的种种热情留下任何余地。在罗素的有生之年，这样的批评者比比皆是，至今仍有很多人认为罗素看世界仅仅是依据数理方法。显然，他们枉顾了以下事实：罗素在其一生的大部分时间，特别是晚年，通过著述和行动对于多项社会改革运动表达了极大的热情，全世界有目共睹。有鉴于此，在一定意义上，本书的目标是重塑罗素的公众形象。

罗素首次试图阐明自己的伦理学立场时，是因为深受《伦理学原理》（1903）的影响，这本书的作者是他的朋友G. E.摩尔[①]。摩尔主张，好（good）是一种独特的、无法被定义的特性，有些事物和状态有这种特性，有些则没有。这种特性的存在会被那些能够凭直觉感知它的人捕捉到，由此，培养直觉就成了一个人应受教育中至关重要的部分。如今，众所周知，摩尔的观点逐渐在"布卢姆茨伯里派"[②] 作家和知识分子圈里占据了主导地位。在 20 世纪头 10 年里，罗素几乎把全部时间都投入到数理逻辑的研究中，而在伦理学问题上他追随摩尔。1905 年，他和包括摩尔在内的很多年轻人参加了一个项目，计划发表一篇受摩尔哲学观启发的"宣言"。在分配写作题目时，罗素同意撰写伦理篇，摩尔同意撰写真理篇。罗素如期写出了《伦理学要素》，在集体写作项目失败后，这篇文章的部分内容发表在多家杂志上。《哲学论文集》（1910）一书首次将其全文收录。在一封写给摩尔的信里，罗素承认这篇文章的内容并没有任何独创之处："它不过是对您的成果进行浓缩和通俗化，却没怎么承袭您的精密严谨。"罗素在布卢姆茨伯里派的某次

---

① 1873—1958，英国哲学家，与罗素、维特根斯坦同为分析哲学的奠基人。——译注

② 活跃于 20 世纪前半期，是以英国伦敦的布卢姆茨伯里地区为活动中心的文人和艺术家团体，其成员中的名人包括弗吉尼亚・伍尔芙、约翰・梅纳德・凯恩斯、爱德华・摩根・福斯特、雷顿・斯特拉奇等。——译注

会上宣读了自己的文章，摩尔却在现场对文中观点表示了强烈的反对。

《哲学论文集》出版后，有人请乔治·桑塔亚那[①]撰写书评。桑塔亚那尖锐地指责罗素为一种在他看来漏洞百出的伦理学立场辩护。桑塔亚那认为，好并不是一种客观的特性——有些事物和状态具备这种特性，却不依赖于任何主体；要判断何为好则必须有一个主体，因此好不可能是一种纯粹客观的特性。读了桑塔亚那的书评后，罗素坚持认为好并非不可定义，而且好是和人类欲望密切相关的，可以依据这些欲望来界定好。至于客观性，罗素相信，即便好具有客观性，那也是政治意义而非伦理意义上的。

桑塔亚那的这篇批评发表于第一次世界大战前夕。战争爆发后，罗素发现自己对此是强烈反对的，他此刻面临的现实问题是——如何证明自己对战争的感受是合理的，以及如何说服热情尚未冷却的那些人加入他的反战活动。参与反战宣传让罗素更加确信休谟的名言——“理性是并且只应当是热情的奴隶”——千真万确。于是，他形成了一个立场，并且终其一生都在为此辩护，这一点在本书中随处可见。他在“序言”里声明：“‘理性’有极其清楚而准确的含义，即选择对的手段来实现你希望实现的某个目的。它和你的目的是什么毫不相干。”

① 1863—1952，美国哲学家，作家。——译注

目的总是和一系列特定的状况有关，如果我们看重这个目的，就会在理性的指引下动用一些手段来帮助自己去实现，当然前提是这目的无可指摘；反之，我们则会使之无法实现。而罗素相信，无论我们的目的是好是坏，都能反映出我们在进入那种状况时怀着怎样的情绪。如果我们的感受不一样，那么目的在我们眼中的价值也不一样。也就是说，无论目的是好是坏，都与欲望有关。

如果我们所欲求的和厌恶的东西于我们而言都是心安理得的，那就不会存在什么伦理冲突。但是，如果我们对此并不是心安理得的，就会不遗余力地找出原因——通常是诉诸很可能会产生的结果——来证明我们的欲望具有某种特性，而我们的反对者的欲望没有这种特性。我们希望这种特性会说服他们以不同的眼光看待环境，从而感受到不同的欲望，这反过来又会使他们认同我们的观点，即目的具有怎样的价值，应该视其所能实现的那个条件而定。1914 年，在《哲学中的科学方法》一文里，罗素的观点引发了极大争议。他认为："伦理学源于一门艺术，旨在告知他人与某人合作所必须做出的牺牲，因而通过"反思"在社会正义的作用下劝人自我牺牲。然而一切伦理学，无论多么完善，仍然或多或少是主观的。"因为只有在意见分歧时伦理学的主张才有用武之地，所以罗素认为，在大多数情况下意见都是不一致的，这没什么好奇怪的。究其本质，伦理学和政治学关系密切，因为两者都试图发展集体的欲望，并让这些集体欲望去影响那些尚未加入阵营的人。

从幼时起，罗素就对政治产生了兴趣。他不到 4 岁即父母双亡，祖母约翰·罗素勋爵夫人成了他的监护人，并尽其所能培养他将来从政。在家族责任感的巨大影响下，罗素三次竞选国会议员：第一次是作为一个为妇女争取选举权的政党的候选人；接下来，在 20 世纪 20 年代，他两次作为切尔西区工党的"献祭羔羊候选人"[①]。然而，他天生不是做党派政治家的料，他对政治的兴趣直接转向了政治学的基本原则。第一次世界大战期间，他开始关注如何在未来消弭战争，并思考通过何种政治途径改造社会，从而使消弭战争变成现实。按照惯常的做法，他围绕这个主题完成了一系列著作，第一部是《社会改造的原理》(1916)。在美国，出版商未经他许可擅自把书名改为《人们为什么打仗?》。

该著作的核心观点是：人性本善，不应对人性的发展设限太多。他认为，如果对人性的发展进行规范而不是阻碍，就会顺理成章地形成各种创造性的冲动和欲望，这种发展是良性的，会促进人与人之间的合作。而阻碍人性的发展则会造就各种毁灭性的冲动和欲望（比如复仇），最糟的情况就是引发战争。要想规范而不是阻碍人性的发展，就必须建立一种完全不

① 指一位候选人明明没有希望获胜，还是被选出来参与角逐，即此人所属的党派将其作为"祭品"奉献给更强的对手。——译注

同于现行教育体制的新制度。由此，教育理论成为罗素关注的重点，在接下来的20年里，他又写了2本书和很多文章来论述这个问题。教育应当培养的是儿童的思考能力，尽管人类的禀赋天差地别，但在罗素看来，即便最迟钝的学生也能学会在一定程度上运用自己的判断力。按照这种方式教育出来的民众，受政治宣传欺骗的可能性要小得多，在一战爆发以前的几年里，这种欺骗性宣传比比皆是。

政治上，如果要赋予一个受过教育的公民限制政府的权利，那么国家必须实行民主制度。按上述方式教育出来的民众，大多能够消除其自身以及他人刚刚萌生的具有毁灭性的冲动和欲望，并且会珍视和培养自己具有创造性的冲动与欲望，同时还会帮助他人这么做。这些观点贯穿于罗素全部的政治学著述中，虽然他偶尔也会涉猎其他政治理论，但终会落脚于这一点——捍卫自由民主，将此奉为最好的国家政治制度。个人的自由程度必须视社会秩序而定，这样才能在自身具有创造性的冲动和欲望的指引下获得发展，甚而有所作为。其他形式的国家制度是无法赋予个人足够的自由的。过去几十年里盛行的社会主义，在罗素看来，有个致命的缺陷，就是过分强调收入，想当然地假定平等的收入会导致全民的幸福。罗素没有找到任何证据来支持这种理论。他极为强调个体差异，认为一种社会制度应当允许其中的每个个体发展自己与生俱来的才能。

1920年，罗素作为英国工党代表团的非正式成员，获得机会去访问刚刚建立的苏联。此次考察之旅使他对国家社会主义的批评比之前更加猛烈和尖锐，在他看来，人类生活中很多他极为珍视的东西都被一种狭隘和抽象的教条扼杀了。这种残暴的手段固然承诺人们能在未来过上更美好的生活，可是罗素不相信，一个人怎么能虐待人民多年然后指望他们有朝一日痊愈，就像什么都没发生过。和列宁面谈一小时也没有令罗素改变观点，反而让他更加厌恶这个制度。一回到英国，他就写出了《布尔什维克的理论与实践》（1920），很多左派觉得此书的出版不啻为公然背叛。1949 年，罗素又一字不改地再版了这本书，此时，当年批评过他的很多左派自己也不再对苏联抱有幻想。

在本书中，罗素对其在《社会改造的原理》中首次提出的一些观点进行了详细阐述。欲望驱使人们寻求食物、饮料、性爱和住处，他把这些称为原始欲望。当这些原始欲望的满足遭到拒绝甚至威胁时，人可能做出任何反应。有 4 层欲望和这些原始欲望密切相关，并共同造就了几乎所有的政治活动，它们是贪婪、虚荣、竞争和权欲。罗素指出，布尔什维克们在心理上没有为后 3 个层级的欲望留下任何位置；而且他们通过忽略这 3 种欲望，为重新引入阶级划分的观点铺平了道路。因为权欲会在虚荣的煽动下逐渐造出一个中央集权的巨大官僚体系，而这个体系在现实中会造就一个统治阶层和一个下层阶层，后者被前者统治。

《权力论》出版于1938年，第二次世界大战爆发前夕。其核心论点是“权欲是催生社会变化的主要动力，社会科学则旨在研究这些变化”。权欲之所以会引起那么多麻烦，是因为它与荣誉一样，都是一种无边无际的欲望，人对这两种欲望永不满足。一个人拥有的越多，想要的就越多。此外，权力就像能量一样有诸多形式，每一种都同样重要，而且一种形式总有办法转换成另一种，比如财富可以变成军事武装。如果把形形色色的权力一个个分开来研究，必然会犯下大错，所以必须把它们联系起来加以研究。而社会科学家的任务，就是去发现权力转化过程中起支配作用的各种规律。罗素对权力的各种表现形式进行了初步探讨，提出了把它们联系在一起的种种探索性假设，然而要证明其中任何一个假设成立，社会科学家还任重道远。

这篇导言中提到的观点，本书几乎都会提及。这至少表明，罗素在政治学研究中的观点是一以贯之的，这一点众所周知。他的第一本书《德国的社会民主》（1896）批判地审视了19世纪晚期德国的马克思主义。书中，罗素这位倡导自由的民主主义者冷静地评估了自己的批判对象，发现虽然有趣却又有着诸多欠缺。而阅读本书时，诸位会发现他论证自己观点的方式与半个多世纪以来他的一贯做法并没有什么两样。

约翰·G·施莱特

多伦多大学

导 言

人的一生可以从许多不同的角度去看待。可以把人视为哺乳动物的一种，纯粹从生物学角度来考察。由这一点看，人类取得了无与伦比的成功。人可以生活在任何气候下，也可以生活在世界上任何一个地方，只要那里有水源。人类的数量一直在增长，现在增长得更快了。人把自己的成功归因于将其与其他动物区别开来的一些东西，比如：说话、火、农事、书写、工具，还有大规模的合作。

但恰恰在合作这一点上，人类并没能取得百分之百的成功。和其他动物一样，人也充满了各种冲动和热情，总体来说，这有助于人类在进化过程中生存下去。可是，人类的智力也使其明白，热情经常是被人类自己扑灭的，如果压抑自己的某些热情而发展另一些热情，那么欲望就可以得到更大的满足，幸福感也会更强烈。在大部分时间和大多数地方，人并不认为自己和其他物种之间存在竞争。人类感兴趣的，不是单个的人，而是人群；有了人群，就会分出泾渭分明的敌友阵营。有时候，这种划分对于胜利者很有用，比如白人和印第安人之间的冲突。可是，随着智能的提升和发明的增多，社会组织日益显现出复杂性，合作的益处持续增加，竞争的益处持续减小。因为智能和冲动是对立的，所以伦理和道德规范对人来说不可或缺。如果只有智能或只有冲动，那就不会有伦理存在的空间。

人是情绪化的，会任性妄为，甚而失去理智，然后借着那股疯狂劲儿去危害自己以及同类，这可能会造成极大的灾难。可是，尽管容易冲动的生活是危险的，但是人如果不想活得没滋没味，就必须有冲动的能力。冲动与控制彼此对立、冲突，伦理既然旨在让人们过上幸福生活，就必须在这两极之间找到一个平衡点。正是这种源于人性深处的冲突催生了对于伦理学的需求。

就冲动和欲望而言，人比其他任何动物都要复杂，这种复杂性给人带来了各种麻烦。人，既不像蚂蚁和蜜蜂那样完全群居，也不像狮子和老虎那样完全独来独往，而是一种半群居动物。人的有些冲动和欲望是社会性的，有些则是个体性的。人的天性中有着社会性的一面，这表现在人将单独禁闭视作一种非常严厉的惩罚；而人的个体性一面则体现为看重自己的隐私，不愿与陌生人交流。格雷厄姆·沃拉斯[①]在其杰作《政治中的人性》里指出，生活在伦敦之类人口稠密地区的人们发展出了一种社会交往的防御机制，使自己避开那些额外的且毫无必要的人际交往。在公共汽车或者城郊列车里，人们通常挨坐在一起，互不搭话，而一旦发生了什么意外，比如空袭，或者哪怕是罕见的浓雾，这些陌生人马上就会视彼此为友，打开心防交谈起来。这种行为表明，人会在其个体性和社会性之间摇摆变动。正因为我们不是完完全全社会性的，所以需要伦理学来告诉我们行动的目的何在，需要道德规范来反复灌输各种行动规则。蚂蚁则没有这种需要，它们总是按照集体利益的需求来行事。

然而人不一样，即使人能让自己像蚂蚁一样服从于公共利益，也不会就此满足，并且还会意识到自己的本性中仍有一部分欲求不满，而这部分对自己非常重要。这并不是说，人性中个体性的一面不如社会性的一面有价值。用宗教术语来表述的话，这两部分分别对应福音书里的两条教义：爱上帝，爱我们的邻居。对于那些不再信仰传统神学里的上帝的人而言，可能有必要对表述方式做些调整，但没必要抹除其伦理价值。神秘主义者、诗人、艺术家和科学发现者，究其本质都是独行客。

---

① 1858—1932，英国著名政治学家、心理学家、教育家，其《政治中的人性》（1920）和《伟大的社会》（1914）奠定了他作为现代西方政治心理学创始人的地位。——译注

他们的所作所为可能会造福他人，这对他们可能是种鼓励，但是在他们全力以赴地完成某种他们认为可能是自己职责的事情时，却并非在为他人着想，而是在追求自己的理想。

因此，我们必须承认，人类的优秀品质中有两个截然不同的要素，一个是社会性，一个是个体性。任何一种伦理如果仅仅考虑其中之一，都将是不完整和不尽人意的。

人类社会对于伦理学的需要，不仅源于人类的半群居性，或者其无法实现的内在理想；还源于人和其他动物的另一个区别。人的行为并非全部直接受内心冲动的驱使，而是能够在有意识的目的的控制和引导下进行。在一定程度上，某些高等动物也具备这样的能力，比如：狗会在主人把它脚掌的刺拔出来的过程中允许他弄痛自己；科勒[①]的猩猩会超越自己的本能，做出各种动作来努力够到香蕉。尽管如此，有一点始终是千真万确的：即便是高等动物，其大部分行为也是由直接的冲动所激发的。受过教育的人类却不是这样。一个人，从他压制自己继续赖床的强烈欲望，由床上爬起来的那一刻起，到发现自己要独自度过漫漫长夜之时，他很少有机会冲动行事，除非找下属的麻烦，或者对单位提供的午餐百般挑剔。而在其他任何方面，引发他做出各种行为的也都不是冲动，而是经过慎重思考

① 1887—1967，美籍德国心理学家，格式塔心理学代表人物之一。著有《猩猩的智力》，他观察到黑猩猩会用木箱垫脚或者执木棍去够香蕉，由此指出猩猩具有某种智能，会通过领悟力而不是试错法解决问题。——译注

决定的目的。他之所以这样或那样做，不是因为这些行为带给他愉悦，而是因为他希望能从中赚到钱或者得到其他回报。正是有了这种基于某种欲望而行动的力量，伦理和道德规范才会起作用，因为它们一方面表明了善的目的与恶的目的存在天壤之别，另一方面也反映出为达目的而采取的正当手段与不法手段截然不同。可是，与受过教育的人打交道很容易过于强调有意识的目的，而忽略了心血来潮的冲动的重要性。[①] 道德家总想忽视人性的存在，如果真能这样，那么人性很可能也会对道德家的说法无动于衷。

即便是处理单一个体对多个个体的问题，伦理学也会逐一单独解决；但是当伦理学面对的是社会团体时，问题就会变得非常棘手。关于社会团体的行动明智与否，需要对社会中的人性进行科学研究，当然前提是我们能够判断什么是可能的，什么是不可能的。首先要明确支配个人和集体行为的重要动机，其中最为迫切的是那些与生存有关的，比如食物、住所、衣服和生育。一旦这些条件得到满足，另一些动机就会变得强大起来，比如贪欲、竞争、虚荣和权欲。各政治集团及其领袖的大部分行为归根结底就是基于这四种动机，当然还有生存不可或缺的那些动机。

① 对此议题更加全面的论述见《社会改造的原理》第一章（伦敦：乔治·亚伦和安文出版社）。

每个人一生最初的日子，都是由两个因素造就的：一个是自身的先天禀赋，一个是包括教育在内的环境的影响。这两个因素究竟孰重孰轻，一直争议不断。在18世纪和19世纪早期，达尔文之前的改良者几乎把一切都归结为教育；但是从达尔文开始，出现了一种趋势，即强调重视遗传而非环境。当然，这种争议的焦点只是这两个因素究竟哪个更重要一些。不可否认，二者都在发挥作用。尽管我们无意对争论的每个问题都给出结论，但仍可以相当有信心地断言，导致一个成人做出某种行为的冲动和欲望，在很大程度上取决于他所受的教育和获得的机遇。这一点的重要性或可从以下情况中窥见一斑：当有些冲动存在于两个个体或两个团体之中的时候，基本上处于对立状态，因为满足其中任何一方都是另一方所不能容忍的。与此同时，另一些冲动和欲望却能在满足一方之余也使另一方获得满足，或者至少不妨碍后者获得满足。个人生活中也会出现同样的情况，只不过程度较轻，比如既想今晚大醉一场，又想明早仍旧精神抖擞，这显然是不可能的。借用莱布尼兹[①]对“可能的世界”的描述，当两个欲望或者冲动都可以被满足的时候，我们可以称它们为“共同可能”；当满足一个却不能同时满足另一个的时候，我们可以称它们为“互相冲突”。如果两

① 1646—1716，德国人，与笛卡儿、斯宾诺莎合称为17世纪三位最伟大的理性主义哲学家，还和牛顿分别独立发明了微积分，被誉为17世纪的亚里士多德。——译注

个人都参加美国总统竞选，那么其中一人必然落选。而如果两个人都想致富，一个靠种棉花，另一个生产棉布，那么二人都得偿所愿并非不可能。显然，生活在一个不同的个体或群体之间有着“共同可能”的目标的世界，要比生活在一个他们的目标互相冲突的世界更幸福。由此可以推断，明智的社会制度应该鼓励共同可能的目的，阻止互相冲突的目的，而要做到这一点，就必须针对这个目标设计教育体制和社会制度。

政治学理论必须考虑核心群体的情况，后者会影响社会群体的性质。这些群体可能各不相同，最重要的是他们凝聚在一起的原因、目的、规模、集体对个体控制的强度以及制度的组织形式。这些会引出权力以及集权或分权的问题，而这或许就是政治学理论中最重要的部分。这个问题很难回答，因为权力集中有技术方面的原因，可是人一旦掌握权力几乎都会滥用权力。民主制度的出现就是为了解决这个问题，可实情往往并不能尽如人意。对此我已在我的《权力论：一种新的社会分析》一书中探讨过。[①]

新技术的到来会对社会产生影响，引发很多极其复杂的问题，尤其是当这个社会的组织方式和思维方式还在按旧体制的那套进行。[②] 人类历史上有两次大变革便是这样，第一次是农

① 该书由伦敦的乔治·亚伦和安文出版社出版。

② 详见拙著《科学对社会的影响》。

业诞生，第二次是工业革命。每一次的技术进步对人类而言都是极其不幸的。有了农业，就出现了农奴制、以活人献祭、男尊女卑，还有从第一个古埃及王朝开始到罗马帝国灭亡，其间此起彼伏的专制帝国。而科技闯入人类社会所造成的种种令人后怕的不良影响，却才刚刚拉开序幕。其中最大的恶果就是导致战争升级，此外还有过度开发导致的自然资源枯竭，政府对个人自主权的剥夺，通过教育和宣传等核心部门控制人的思想，等等。这些恶果因为科学对人类思维方式的持续影响而不断扩大，人类的思维方式却仍停留在过去的时代。现代科技使统治者拥有了更多的权力，也使一些人头脑里构想出了一种可能，即打造一个前所未有的整体化的社会体系。这种可能性导致人们执迷于体系而不能自拔，忽略了个体的基本诉求。寻找一种公正的方式处理这些诉求，是我们这个时代的主要问题之一。我在《科学观》的第三部分以及《权威与个人》一书中用政治学理论对此进行了探讨。

在我们身处的这个世界，巨大的希望或可怕的噩梦有着同样的可能性。恐怖会在人群中蔓延，会让世界变得沉闷阴郁。而怀有希望呢，因为这需要想象力和勇气，所以在大多数人的头脑中并没有那么生动。就因为不够生动，所以那些可能性看起来像是乌托邦。于是思想上的怠惰成了唯一的拦路虎。如果可以克服这一点，一种崭新的幸福对人类而言将是触手可及的。

上部

伦理学

一　伦理学信仰和感情的来源

伦理学与自然科学的不同之处就在于伦理学的基本素材是感觉和情绪，而不是认知。对这一点必须有精确的理解；也就是说，伦理学的素材是感觉和情绪本身，而非我们已经掌握的某种事实。事实是就科学意义而言的，一如其他的事实，是人们借由通常的科学途径通过认知来获取的。然而，伦理学的结论并不是在陈述事实，尽管通常看起来是这样，但其实它是在表达某种希望或者恐惧、渴望或者厌恶、喜爱或者憎恶。而且，它应该通过某种祈愿或者命令的语气，而不是陈述语气来清晰地传达。《圣经》上说“爱你的邻人如同爱你自己”；因国际纷争困扰而心情沉重的现代社会中人可能会说“愿普天下人彼此相爱”。这些都是纯粹的伦理学表述，仅靠收集此类事实显然无法对它们进行证实或者证伪。

与伦理学相关的一些感受可以通过以下假设轻而易举地看清楚：假定有一个纯粹由物质构成的宇宙，只有物质，没有任何感知能力。这样一个宇宙说不上好坏，它里面包含的东西也没有一样可以用对错来衡量。《创世记》里，上帝在创造生命前“看着一切所造的都甚好”。在此我们必须假定，这个“好”，要么取决于上帝在思考如何创世时的情绪，要么取决于这个毫无生命迹象的世界是否适合有感知能力的生物生存。如果太阳即将撞上某颗星球，地球即将化为气态，那么我们会把即将到来的大灾难判定为恶，而把我们人类的存在视为善。可是，设想在一个没有生命存在的地方发生这种大灾难，除了听上去有趣之外，别无它用。由此可见，伦理学和生命形式紧密相关，它不是一个供生物化学家研究的客观存在的过程，而是由幸福与悲伤、希望与惧怕等相反相成的一组感受构成，这些组合使我们偏爱一种世界而摈弃另一种。

然而，即使承认感受和欲望对伦理学有着不可或缺的重要性，仍然存在一个问题：是否有伦理知识这么一个东西存在。《圣经》上的“汝不可杀戮”是祈使句，而“杀人是恶”则是陈述语气，以说明某件事是对是错。“愿普天下人都很幸福”是祈愿句，而“幸福是好的”与“苏格拉底是凡人（终究不免一死）”的语法是一样的。是这种语法令人产生误解，还是伦理学与自然科学一样存在真理和谬误？如果我说尼禄是个坏蛋，那么是不是如同我说他是一位罗马皇帝，都是在提供某种信息；或者我说“尼禄？呸!”能够更准确地表达我的意图？这个问题可不容易回答，我不认为能得出什么简单的答案。

还有一个与此相关的问题，它涉及伦理学判断的主观性。要是我说牡蛎很好吃，而你说牡蛎很难吃，我们都明白对方不过是在谈论个人口味，没什么好争论的。可是，当纳粹说折磨犹太人是对的，而我们说是错的时，我们不会觉得我们仅仅是在表达一种不同的个人观点，甚至还会不惜用生命去捍卫自己的立场，但我们不会采取同样的做法去强迫别人接受我们对牡蛎的好恶。不管人们可能会提出怎样的观点来证明这两种情况有可比性，绝大多数人都会确信在它们之间存在某种差别，尽管要确切地说出这种差别究竟是什么可能很困难。我认为，这种感觉虽然不是很明确，却是值得尊敬的，它应该使我们不愿意轻易接受这样一种观点：一切伦理学判断都完全是主观的。

有人可能会说，如果希望和欲望是伦理学的根本，那么伦理学包含的一切都必然是主观的，因为希望和欲望恰好是主观的。这个观点看上去不容置疑，其实不然。科学的素材是个体的认知，这些认知的主观性远远超过了常识所给出的；然而正是在此基础上，不受个人情感影响的科学殿堂矗立了起来。这是因为在某些方面，大多数人的认知是一致的，而色盲和出现幻觉的人的认知因为有别于常人可以忽略不计。或许还存在某种与此类似的、同样能使伦理学具有客观性的方式。如果是这样，那它必然会引起大多数人的兴趣，会把我们从个人伦理引向政治学领域，而后再想将政治学从伦理学中分离出来就很难了。

把伦理学从神学当中分离出来，要比把它从自然科学里分离出来困难。确实，科学是在经历了漫长的斗争之后才获得了解放。直到17世纪后半叶，人们仍然普遍认为，不信巫术的人肯定是个无神论者，还有人用神学观点指责进化论，甚而今天依然有很多神学家宣称任何科学都无法动摇他们的宗教信仰。对于伦理学而言，情况就不一样了。传统伦理学的许多概念很难被阐释，许多信念很难被证明有理，除非假设上帝存在，或者有一种“世界精神”[①]，或者至少有一个无所不在的宇宙“终极目的”。我的意思不是说没有一个神学基础就不可能进行阐释和证明；而是说没有这样一个基础，它们就失去了说服力以及对人心理接受的强制力。

正统学说最津津乐道的一直是这样一种论调：没有宗教，人就会变得邪恶。从边沁到亨利·西季威克，19世纪英国的自由思想家都对此大加驳斥。这些都算得上是古往今来最有德行的人物，因而他们的驳斥也显得格外有力。可是当今世界，坦承自己无信仰的极权主义者太多，多到举世震惊；而维多利亚时代的那些不可知论者的德行似乎并非不容置疑，这有可能被

① 德国古典哲学家黑格尔在其历史哲学中使用的一个概念，指宇宙整体的本质。——译注

他们归咎为从基督教传统中解放得不够彻底。因此，无论伦理学被社会需要塑造成何种形式，人们都必须重新审视伦理学能否独立于神学这个问题，并且要充分意识到我们可能远比我们的祖辈邪恶，后者无惊无险的信仰一直在理性地推进，因而活得很安逸。

有史以来，伦理学信念一直有两个截然不同的来源：一个是政治，另一个是个人的宗教信仰和道德信念。《旧约》中二者泾渭分明，分别以《律法书》和《先知书》的面目出现。中世纪，在由等级制度反复灌输的官德与由神秘主义者传授和实践的个人操守上的贞洁之间，亦有相同的区别。到了我们这个时代，同样的二元性还在延续。俄国大革命之后，克鲁泡特金结束了漫长的流放生涯返回祖国，他赫然发现，眼前这个新生的国家并不是他魂牵梦萦的那个俄国。他梦想的是一个由自由、自尊的个人组成的松散社会，而眼前这个却是一个强大的中央集权国家，其中的个体仅仅被视为建造它的工具。这种个人道德和公民道德的二元性是任何合格的伦理学理论都必须考虑的因素之一。没有公民道德，社会就会毁灭；没有个人道德，社会的存在就没有任何价值。可见，公民道德和个人道德对于一个美好世界同样不可或缺。

所有已知的人类社会，哪怕是最原始的，都存在伦理上的信念和感受。有些行为会受到赞扬，有些则会被谴责；有些会获得奖励，有些则会受到惩罚。人们相信，个体的某些行为会给其自身乃至社会带来益处，而某些行为则会带来灾难。与此相关的信念，有些是可以用理性来证明的。然而在原始社会，占据绝对上风的非理性念头，往往一开始是由禁忌而来，而后再用一套逻辑去证明其合理性。

禁忌是原始社会道德的一大主要来源。某些物品，特别是为首领所有的，充满了超自然力量，谁若碰了就得死。某些东西是奉献给神灵的，只有巫医能用。有些食物是允许食用的，有些则严禁食用。有些个人在受到净化以前，始终是不洁的，尤其是带有某种血污的人，比如杀人者，还有生育中的和经期的妇女[①]。原始社会通常有非常详尽的异族通婚规则，这在部落针对异性的禁忌中占了一大部分。谁若违反了这些禁忌，不仅他自己会大祸临头，还会殃及整个族群，除非为他举行某种必要的净化仪式。

在我们看来，人们在惩罚一个触犯禁忌的人时并没有打着什么正义的旗号，而是觉得这跟摸了电线会被电死的道理是一样的。大卫在运送约柜的时候，经过一段崎岖的禾地，负责运送的乌撒怕约柜掉下来就伸手扶了一把。尽管他的出发点值得赞赏，但他还是因为这个大不敬的举动而被上帝击杀[②]。同样不合理的事例还有：蓄意杀人者和意外致人死亡者被同等对待，

---

① 《利未记》第 15 章第 19—29 节。

② 《撒母耳记下》第 6 章第 6—7 节。

都要接受净化仪式。

基于禁忌的道德形式在一定程度上残存至文明社会，其程度超出了我们的想象。毕达哥拉斯拒吃豆子，恩培多克勒[①]认为不可咀嚼月桂树的叶子。印度教教徒一想到有人吃牛肉就气得发抖，穆罕默德的信徒和正统犹太人把猪肉视为不洁。赴英国传教的圣奥古斯丁[②]写信向教皇格里高利一世询问：已婚者在交媾之后的第二天是否可以进教堂？教皇的回复是：必须进行仪式性的洗涤方可进入。美国康涅狄格州有条法律禁止丈夫在礼拜天亲吻妻子，我相信直到今天它还没有被正式废除。1916 年，一位苏格兰牧师给报馆写信，把英国没有在对德战争中取胜归咎于政府鼓励在礼拜天种土豆。只有把这些都视为禁忌，上述所有观点才说得通。

说起禁忌，最好的例子之一是随处可见的各种禁止同族通婚的法律或者规定。有段时间，一个部落包括很多群体，男人必须从其他群体中挑选妻子。在希腊东正教会，一个孩子的教父和教母不可以结为夫妇。而在英国，直到最近男人才被允许与亡妻的姐妹结婚。这些婚配禁忌所指涉的灾祸并不能证明这

---

① 约前 490—约前 430 年，古希腊哲学家。——译注

② 即坎特伯雷的圣奥古斯丁（？—604），第一位坎特伯雷大主教，英国国教的奠基人。注意：本书后面提到的圣奥古斯丁全部指希波的奥古斯丁（354—430），其代表作《上帝之城》和《忏悔录》对西方基督教教义和哲学产生了重大影响。——译注

些禁律有道理，唯有用古老的禁忌去解释才说得过去。可是进一步来说，我们大多数人并不认为这些所谓的乱伦行为会受到法律制裁，但很多人对这些行为本身的恐惧要远远大于对这些行为可能带来的灾祸的恐惧，这种恐惧只能被视为前理性（pre-rational）禁忌的一种效应。笛福笔下的摩尔·弗兰德斯[①]远不是什么道德楷模，曾肆无忌惮地犯下许多罪行；但是当她发现自己居然嫁给了亲哥哥以后，不禁吓得魂飞魄散，再也受不了与其继续生活，虽说他们已经幸福地生活了好些年。故事是虚构的，但必然是生活的真实写照。

禁忌作为合乎道德的行为的源泉具有相当的优势。在心理上，它远比一切仅仅合乎理性的规则更能令人信服；对此可以举个例子比较一下，比如人们对乱伦厌恶至极，对造假则会平静地责备，之所以不将造假视为非理性的罪，是因为在他们看来野蛮人不会造假。一种禁忌道德甚而可以精确到完美的地步。它可以禁止诸如吃豆子这样完全无害的行为，也可以禁止像谋杀这样真正有害的行为，比起原始社会存在的所有伦理方法，禁忌更为有效，并且在提高统治的稳定性方面也同样有用。

君王自有神灵护佑，

① 英国作家笛福的长篇小说《奇女子摩尔·弗兰德斯盛衰记》（1722）中的女主人公。——译注

叛逆只能蓄意窥伺，

难以得手。[①]

由于弑君通常会导致内战，这种“神意”必须被理解为一个与领袖有关的禁忌的有益效应。

当正统学说宣称不尊神学教理必然导致道德败坏，他们的说法中最理直气壮的东西就是禁忌的有效性。当人们对于年代久远威慑犹在的戒律不再心存非理性的敬畏，他们可能不会满足于迎娶亡妻的姐妹或者在礼拜天种土豆，而是进一步犯下更可怕的罪行，比如谋杀、背信弃义甚至叛国。这些都在古希腊和文艺复兴时期的意大利应验了，其结果是造成了政治上的灾难：那些祖祖辈辈虔诚守法的人，在自由思想的影响下成了无政府主义者，犯下很多罪行。我不想低估这些想法的价值，尤其是在当下，当人们抛弃禁忌道德却找不到东西可以替代它的时候，独裁制度在很大程度上可以说是对蔓延的无政府主义趋势的一种必然反应。

不过，在我看来，反对依赖禁忌道德的观点要比赞同它的强大太多，而我因为试图阐述一种理性的伦理，所以必须提出以下观点，以证明我的主旨是有道理的。

---

① 出自莎士比亚的《哈姆雷特》，当雷欧提斯闯宫问罪的时候，国王说了这句话。——译注

我的第一个观点是，一个受过教育洗礼、讲究科学的现代社会，很难继续对单单是历史沿袭而来的东西保持敬意，除非通过一种旨在毁灭独立思考能力的教育模式来严密控制。如果你从小到大都被当作新教徒培养，那么你一定不会不知道星期六——而不是星期天——种土豆是邪恶的。[①] 如果你从小到大都被当作天主教徒培养，那么你一定不会知道：尽管婚姻是神圣不可解除的，公爵和公爵夫人却可以通过教会解除自己的婚姻，而他们的理由，如果换了一对平民夫妇这么说，就会被认为是不充分的。愚蠢必然会对社会造成危害，至于危害程度则完全掌握在一个严格贯彻愚民政策的政权手里。

第二个观点是，如果道德教育一直局限于灌输禁忌，那么人们抛弃一个禁忌很有可能抛弃其余所有禁忌。如果人们告诉你的是“十诫”有着同样的约束力，而你自己得出的结论是在安息日工作并不邪恶，那么你就会认为杀人也是可以容许的，甚而连认为一种行为比另一种行为恶劣都是毫无道理的。社会上普遍的道德崩溃常常是伴随着自由思想的突然爆发而出现的，人们将其归咎于传统道德规范理性基础的缺失。在19世纪英格兰的自由思想家当中并没有发生这样的道德崩溃，主要是因为他们认为，功利主义为人们服从那些被认为有效的道德规范提供了一种非神学的理由，这些规范的确都为保障社会福祉

① 犹太教以星期五日落到星期六日落为安息日。——译注

做出了贡献。

第三个观点是，遗留至今的每一种禁忌道德中都存在一些确实有害的戒律，而且有时候危害极大。比如，想一想这段文字：“行邪术的女人，不可容她存活。”[①] 就因为这段文字，单单德国一地在1450年到1550年的一个世纪里，就有约10万名女巫被处死。巫术信仰在苏格兰格外盛行，在英格兰更是受到了詹姆斯一世的支持。莎士比亚写《麦克白》就是为了迎合上意，其中的女巫就是这种逢迎的例证之一。托马斯·布朗爵士[②]坚信，否认巫术的人都是无神论者。大约从牛顿的时代开始，为虚构出来的罪行而烧死无辜女子的历史才被终结，这要归功于科学的传布而不是基督教的仁慈。比起300年前，如今传统道德中的禁忌因素已经大大弱化，但仍然在一定程度上阻碍着基于人道的感情和实践，比如反对节育和安乐死。

当人类变得越来越文明，他们不再满足于只有禁忌存在，而是代之以上帝的意旨和律令。“十诫”的开篇便是“神吩咐这一切的话说”。整个《律法书》里都是神在说话。做上帝禁止之事就是作恶，会受到惩罚；就算没有受到惩罚也依然改变不了这件事的邪恶本质。因此，道德的实质变成了服从，而最主要的就是服从上帝的意旨，尽管又派生出很多形式，其约束

① 《出埃及记》第22章第18节。

② 1605—1682，英国大作家，博学者。——译注

力终可归结为一点，即社会不平等乃是天意。臣民必须服从国王，奴隶必须服从主人，妻子必须服从丈夫，孩子必须服从父母。国王只服从神，可是如果他没做到，那么他自己或者他的子民就会受到惩罚。在大卫进行人口普查之后，不喜欢统计数字的上帝降下了一场瘟疫，数千名以色列儿童因此丧身[①]。这等于是在告诉每个人，国王应该修身养德是何等的重要。而牧师的权力一部分取决于他们可以在某种程度上阻止国王犯下罪孽，并且阻止像崇拜伪神这样更加严重的罪孽。

在一个无人质疑现有宗教，政府也表现尚可的稳定社会里，作为伦理学基本原则的服从相当好地发挥了作用。然而在其他各个时代，这些条件并不具备。其原因，在先知们看来，皆因国王们搞偶像崇拜；在早期教会看来，皆因国王们是异教徒或者阿里乌斯教徒[②]。宗教改革时期的情况比这些差得更远，因为这时新教徒不承认对信奉天主教的君主有效忠的义务，天主教徒也不承认对信奉新教的君主有效忠的义务。可是，比起天主教徒遇到的困难，新教徒的困难更甚，因为天主教徒到底还拥有教会，教会获得了伦理教条的支持，而新教徒则遭到政府反对，在这个国家里他们找不到道德戒律上的官方依据。当然，还有《圣经》在，可是《圣经》对于一些问题缄默不言，

---

① 见《历代志上》第21章。

② 阿里乌斯教派是由基督教牧师阿里乌斯（250—336）领导的派别，因对圣三一理论提出了新的解释而被斥为异端。——译注

对另一些问题却给出了彼此矛盾的答案。比如，对于收取利息的放贷是否合法，《圣经》里并没有答案；至于一个没有孩子的寡妇该不该嫁给亡夫的兄弟?《利未记》说“不行”，而《申命记》说“行”。[①]

因此，新教徒将《先知书》和《新约》里都能找到的一种观点重新搬了出来，其大意是上帝教化每个人的良知，告诉他们什么是对的，什么是错的，因此不需要一个外在的伦理权威；不仅如此，当这个权威的命令违背个人良知时，服从它才是犯罪。任何对尘世权威的律令的服从都不是绝对的，或者只有在良知认可的情况下才具有约束力。这个观点对于伦理学和政治学的改造有着深远的影响，即使是在那些拒不接受它的人当中也是如此。它为宗教宽容、推翻不良政府的革命、社会底层对“高高在上者”的拒不听从、妇女平等、父母权威的衰落提供了合理性依据。可是，在提供一个新的道德基础来取代业已摧毁的旧基础、维持社会凝聚力方面，它的失败是灾难性的。良知本质上是一种无政府主义力量，没有哪一种政府体系可以建立在此基础之上。

而伦理感情与伦理戒律从一开始就有着完全不同的来源，即互相迁就（give-and-take），亦可称为“社会妥协”。它不像我们迄今考察过的那些道德类型，不是依赖迷信就是依赖宗

① 见《利未记》第20章第21节、《申命记》第25章第5节。

教；宽泛地说，它源于对平静生活的渴望。当我想要土豆的时候，我可能会夜里去邻居的地里挖，而邻居以偷我树上的苹果来报复。于是，我们都逼得对方不得不整夜守着，以免遭受损失。这样既不方便又令人厌烦，最终，我们会发现尊重彼此的财产会让各自的麻烦少些，当然前提是我们当中谁也不是快要饿死了。这类道德，尽管在早期阶段可能会受到禁忌或者宗教制裁的庇佑，却能在它们土崩瓦解后得以存续，因为至少就意愿而言，它让每个人都受益。随着文明的发展，它在立法、政府和私德方面起的作用越来越大，但它从来不曾成功地激起人们强烈的恐惧或者强烈的敬畏，这些情绪是和宗教或者禁忌联系在一起的。

人之所以是一种群居动物，并不是像蚂蚁或者蜜蜂那样出于本能，主要是因为一种有点含糊的集体性的自我利益观。以本能为坚实基础的最大社会单元是家庭，但家庭的作用已经逐渐被国家削弱，因为国家已经把保护被父母忽略的婴儿的生命视为己任。我们只能假定蚂蚁和蜜蜂在从事有益于蚁穴或者蜂巢的活动时，全凭冲动行事，从不会思考它们可以通过反社会行为提高自身的个体利益。可是人类就没有这么幸运了。为了让人们的行为与公共利益一致，必须引入巨大的法律力量、宗教力量以及对个人利益进行启蒙教育的力量，最终效果却往往非常有限。人们或可假设最早的社会是由多个扩大的家庭组成的，然而所有更大规模的社会积聚主要都是源于战争。在战争中，一个大型社群可能会打败一个小型社群，因此，任何在大社群内部引发社会凝聚力的方法都必然具有生物学优势。

只要战争一直是提高社会凝聚力的动力，道德就必须由两个极为不同的部分组成：对自己的族群成员的责任和对自己族群以外的个体或者集体的责任。像佛教、基督教这样的宗教旨在发扬普世性，寻求抹平这种差别，把全体人类当作一个单一的族群来对待。在西方，这种观点始于斯多葛学派[①]，是亚历山大大帝征服希腊的产物之一。虽然宗教好像无所不能，但迄今为止，这种观点却始终只是少数几个哲学家和圣徒的志向所在。

现在，我只想考察族群内部的道德，而且这种道德是旨在促进社会合作的。显然，除了个人的力量外，最重要的是某种方法，通过它可以决定什么东西属于谁。大多数文明社会为解决这个问题设置了两个制度：法律制度和财产制度，而规范这些制度的道德原则是正义，或者说公众舆论认为是正义的东西。

法律本质上是一套规定国家如何使用武力的规则，除非是在自卫等特定情况下，否则禁止对个体或团体使用武力。法律缺失的地方就会有无政府主义，就会有人恃强凌弱；尽管法律

① 古希腊哲学家芝诺在公元前3世纪早期创立的哲学流派，主张美德基于知识，智者的生活符合世界的理性，由此对世事兴衰和个人苦乐表现出漠然态度。——译注

可能不尽如人意，但还不至于比无政府主义更糟。因此，尊重法律是一种理性态度。

私有财产制度是一种手段，因为它的存在，服从法律才不至于那么令人不快。起初，当原始共产主义土崩瓦解的时候，个人有权拥有自己的劳动成果、屋舍以及一直居住的地块。此外，允许他把自己的财产遗留给子女也是天经地义的事。在一个游牧社会里，他的财产主要是牛羊。

在存在法律制度和财产制度的地方，“偷窃”行为已被界定，并被收入“十诫”中，定为十大罪行之一。

当法律“公正”时，人们认为它是好的，可是“正义”是一个很难精确表述的概念。柏拉图的《理想国》宣称试图去界定它，但这次尝试也算不上非常成功。在民主情绪的影响下，现代人倾向于把正义和平等等同起来，然而即使是现在，这种观点也有种种局限。如果有人提议英国女王应该和一个砌砖工人收入相当，那么包括砌砖工人本人在内的大多数人都会认为这话太耸人听闻了。近代以来，这种赞成不平等的感情才有了更广的范围。我认为，“正义”在实际运用中必须被定义为“大多数人认为是正义的”，或者说，为了避免恶性循环，“这个正义制度令公众找不出什么抱怨的理由”。为了使这个定义有具体的内容，我们必须考虑到它所应用的社会的传统和情感。对每一个社会而言，唯一不变的是，这个“正义”制度所导致的公众不满情绪是程度最轻的。

显然，事关“互相迁就”的伦理很难与政治区分开来。在这方面，它不同于更为个人的伦理，即服从上帝的意旨或遵从内心的良知。伦理学理论必须考虑的问题之一，是这两种道德体系的关系，还有它们各自领域的分野。想一想让一位艺术家宁愿奉献佳作而不是粗劣之作的那种情绪，尽管它与正义毫无关系，但必然会被赋予某种伦理价值。由此，我认为伦理不可能完全是社会性的。我们思考过的伦理情感的每一个来源，无论最初是多么粗粝，都能够发展出多种形式去影响高度文明的人。如果我们忽略它们当中的任何一个，那么由此产生的伦理都将是不完整和不充分的。

二　道德规范

任何一个社群，哪怕是一艘海盗船上的成员，都会规定好哪些事一定要做，哪些是明令禁止的；哪些事做了会受赞扬，哪些会受谴责。一个海盗必须在攻击时展现自己的勇气，在分配战利品时表现出公正；如果他在这些方面做得不好，那就不是一个“合格的”海盗。当一个人隶属于一个较大的社会时，他的职责以及可能犯下罪行的范围就变大了，需要考虑的因素也变得更为复杂，但仍然有一种规范是他必须遵守的，否则就会为公众所不容。诚然，从道德的角度来说，大多数行为看起来无所谓善恶，只要做出这种行为的人不是奴隶或失去了一半的人身自由。一个能自己谋生的人，可以想什么时候起床就什么时候起床，想什么时候睡觉就什么时候睡觉；可以想吃什么就吃什么，想喝什么就喝什么，只要不暴饮暴食；可以娶自己心仪的女子，只要两厢情愿。可是，如果国家征召，他就必须服兵役；他还必须戒绝犯罪以及各种让自己不受欢迎的行为。而无法自谋生计的人，是不会有那么多自由的。

道德规范因时间地点而异，其差异之大可以达到惊人的地步。阿兹特克人[①]把在仪式上吃敌人的肉视为一件苦差；人们相信，他们若不以此种方式为国效力，太阳的光辉就会熄灭。婆罗洲的猎头族在荷兰政府剥夺他们的自决权以前，只有以一定数量的头颅作彩礼才可以结婚；任何做不到这点的年轻男人都会被人鄙视，就像美国人看不起"娘娘腔"一样。孔子有云，一个双亲还健在的人如果拒绝就任一个收入颇丰的官职，那他应该为自己的不孝而内疚，因为丰厚的薪水和种种特权本可让他的双亲安享晚年。《汉谟拉比法典》规定，如果一位绅士的女儿在怀孕期间被人打死，那么打人者的女儿应该偿命。犹太教的法律规定，通奸时被捉住的女人应以石刑处死。

鉴于道德规范的多样性，我们不能说这种行为是对的或者那种行为是错的，除非我们先找到一种方法确定某些规范优于其他规范。没有游历过的人，会凭着本能的冲动把这个问题想得过于简单，会认为他自己所处社会的规范就是对的，而其他规范，只要和他的不一样，就该反对。当一个人认为自己的规范有着超自然的起源时，就特别容易坚守这一立场。这种信念

---

① 阿兹特克是存在于14至16世纪的墨西哥古文明，有人祭传统。——译注

使得传教士认为，在锡兰“只有人是邪恶的”（only man is vile），却没有注意到英国棉花生产商的“恶行”。这些人发家致富靠的是童工，之所以支持传教是因为希望“土著们”能改穿棉布衣服。可是，当大量彼此分歧的规范都声称自己来自同样神圣的起源时，哲学家就接受不了了，除非某个规范拥有于他们有利的观点，而且刚好是其他规范所没有的。

人们可能会认为，一个人应该遵从自己所处社会的道德规范，无论这规范到底是什么。我应该倾向于承认，他这么做无可厚非，可是我认为，他应该为不这么做而常常受到赞扬。食人的现象曾经普遍存在，大多数情况下都与宗教有关。这种现象无法确定是不是随时间推移而自行消亡的，当然，肯定有一些道德先锋始终批判这是一种邪恶之举。我们在《圣经》里读到，撒母耳认为不可不屠杀战败的敌人的家畜，而这遭到扫罗的反对，尽管后者也许并非出于最高贵的动机。宗教宽容的首倡者被认为是邪恶的，最初反对奴隶制的人亦被等而视之。福音书提到了基督反对对安息日的禁忌采取更严苛的形式。鉴于上述事例，不可否认，今天我们公认值得高度赞誉的一些举动，都是某人对自己所处社会的道德规范的批判或违抗。当然，这只会发生在过去的时代或者外国人身上，不可能发生在我们当中，因为我们的道德规范无可指摘。

一般说来，“对”和“错”并不在同一层面；“错”更加原始，一直都是个语气更加强烈的概念。要做个“好”人，只需戒绝罪恶，根本不必采取任何积极的行动。然而哪怕是以最消极的观点来看，情况也并非总是如此。比如，你必须去救溺水的儿童，前提是你这么做不会冒太大风险，但大多数传统道德家坚持的可不是这类事情。“十诫”里有九诫在措辞上都很消极，如果你一辈子不杀人、不偷盗、不奸淫、不作伪证、不滥用上帝之名，尊敬父母、教会和国王，那么根据传统观点，你在道德上就是值得称道的，哪怕你从没做过一件仁慈、慷慨或者有益的事。这种非常不充分的美德观是禁忌道德的结果，并且已经贻害无穷。

传统道德过分关注避免“犯罪”以及“罪行”发生后的净化仪式，尽管这种观点在基督教伦理中普遍存在，但它的出现时间早于基督教，可以追溯至俄耳甫斯教[①]，在柏拉图的《理想国》开头部分就有相关记述。在英国国教的教义里出现的“罪”，指的是某些特定行为，有些有社会危害性，有些无害无益，有些则有积极的用处（比如，在适当的保护措施下实施安乐死）。犯罪会遭到上天的惩罚，非虔诚悔罪不可。只要悔罪，罪行就可以获得宽恕，即便已经造成无法挽回的危害也无妨。而罪恶感以及对于堕入罪恶深渊的恐惧产生于人们强大、内省、以自我为中心的思想中，它阻挠人们自然流露出温情，不

① 俄耳甫斯教是一个源于古希腊和希腊化时期的宗教，其教义和活动在柏拉图等人的著作中有记载。——译注

让人开阔视野，并容易使人胆怯，产生不友善的谦卑。这样一种心态是激发不出美好人生的。

“对”，作为“错”的对立面，本是一个与权力相关的概念，并且和那些不会必然听命于人者的主动性有关。国王们应该“在主面前做对的事情”。每个机构和职业以及每个被赋予了权力的职位，都承担着某种积极的职责。士兵必须战斗，消防员必须冒着生命危险去着火的房子里救人，救生员必须在风暴中出海，医生在传染病暴发时必须冒着被传染的危险去医治病人，父亲必须尽一切可能抚养子女——只要不违法。

这样，各种职业都有了自己的道德规范，它和普通公民的道德规范有所不同，大体上更加积极。医生受希波克拉底誓言[①]的约束，士兵受军纪的约束，教士受世俗中人不必遵守的若干规则的约束。国王的婚姻必须服从国家利益，而不能凭着一己喜好。每个职业的积极职责部分由法律规定，部分按这个职业的传统或者公众的观念强制执行。

两个互相矛盾的伦理原则有可能同时被同一个社会所接受。这方面最典型的例子，就是由教会讲授的基督教道德，与骑士时代形成、迄今仍未灭绝的荣誉原则之间的鲜明对照。教会谴责杀人行为，除非是在战争中或者遵循正当的法律程序；

① 希波克拉底是古希腊医师，欧洲医学奠基人。“希波克拉底誓言”是希波克拉底向医学界发出的职业道德倡议，1948 年世界医学会在此基础上制定了《日内瓦宣言》，作为医生的职业道德规范。——译注

而荣誉原则要求绅士能随时准备与侮辱他的人决斗，以雪前耻。教会谴责自杀行为；而一位德国海军司令如果失去了他的战舰，人们就会盼着他自杀谢罪。教会谴责通奸行为；而在荣誉原则的驱使下（尽管没有强令人们必须这么做），人们会尊敬一个在风月场上战绩辉煌的男子，如果那些被他征服的女性出身高贵或者他能在公平决斗中杀死情人的丈夫，还会愈加尊敬。

当然，荣誉原则只对“绅士”有约束力，在“绅士”和其他“绅士”打交道时只有部分约束力。但在适用的地方，它是绝对至上的原则，必须不惜一切代价毫不犹豫地服从。这一原则的荒诞无稽在高乃依名作《熙德》中得到了充分的展现。熙德之父遭到熙德女友之父的侮辱，可前者年纪太大，没法亲自去决斗；因此按照荣誉原则，熙德必须替父决斗，哪怕此举会毁了他的爱情。在一段郑重的独白之后，他做出了决定：

> 来吧，我的手臂，至少拯救我的荣誉，
> 既然无论如何我都得失去施曼娜。

这样的荣誉原则，尽管如今已经沦为笑柄，但是汤姆·摩尔[①]和拜伦初次交手时也用到了它。摩尔一开始挑战拜伦要进

① 即托马斯·摩尔（1779—1852），爱尔兰诗人。——译注

行决斗，可是到了最后关头，他又给拜伦写信说想起自己还有妻儿，要是他死了，一家大小就会衣食无着，所以建议二人化干戈为玉帛。拜伦看到这封信后，既对自己已无性命之忧感到安心，又习惯性地害怕别人说他不像绅士，所以拖了很长时间才接受摩尔的道歉，并且虚张声势地摆出了一副吓人的架势。不过最终二人还是愉快地达成一致，认为摩尔写信延续自己的生命而不是去葬送它是对的。

尽管荣誉原则常常表现出它的荒谬可笑，有时候甚至是悲惨，但注重个人荣誉确有其重要价值，它的衰落也绝不是有百利而无一害的。荣誉原则包含着勇气和诚实，不愿背叛他人的信任，对于社会地位低的弱者表现出骑士精神。如果你夜里醒来，发现自己的房子着火了，那么显然你有责任先唤醒睡着的人再自救，只要你力所能及。这是荣誉的义务所在。如果你认为自己很重要而其他人无足轻重，就丢下他们，任其自生自灭，即便就当时的情形而言你以此为自己的做法进行辩护确有某种合理性，但人们也不会站在你这边。举例来说，如果你是1940年的温斯顿·丘吉尔，那么荣誉原则禁止的另一件事，就是向非正义势力卑躬屈膝，比如向入侵的敌人献媚邀功。往小里说，出卖别人的秘密和偷看别人的信件都是不光彩的行为。当荣誉的概念摆脱了贵族的傲慢和暴力倾向，某些东西却保留了下来，它能有助于保持个人的诚信，并在社会交往中增进彼此信任。我不希望骑士时代的这个遗产彻底从世界上消失。

三　道德作为一种手段

关于什么是道德，我们已经探讨了两种大相径庭的观点。其中一种认为，道德就是服从我们所属社会的伦理原则；另一种认为，道德是遵从神的旨意或个人良知。我仅仅阐述了这些观点，却没有认真研究哪些观点可以用来支持或反驳它们。这两种观点各有缺陷，接下来我们必须加以探讨。

正如我们所知，道德规范在不同的社会里是不一样的。比如，就引导人们的行为而言，婆罗洲的猎头族和贵格会教徒就有着极大的差异。我们可以说，有德行的人会遵守自己所在社会的行事准则；也可以说，有德行的人遵守我所在社会的规范。大体上讲，在对付野蛮人的时候，领导者会用前一种观点，而传教士会用后一种。可是在有些方面，领导者和传教士会达成一致，比如，即使是他们当中最宽容异端的人也在努力根除食人习俗。

现实中，我们都认为一种道德规范可能比另一种更可取。在整个西方文明历程中，很少有人会赞成古代闪米特人把儿童献祭给火神摩洛克的习俗，或者赞成罗马男人握有自己孩子的生杀大权，或者旧中国要求妇女缠足的做法，还有日本的规定，说丈夫睡觉要枕软和的枕头，而妻子只能枕木枕。我说这些，并不是要指出我们不赞成这些做法是对的；不难想象，那些认为上述做法天经地义的人会滔滔不绝地为它们辩护。我想说的是，尽管如此，在有些问题上他们仍然可能会和我们达成一致，比如一种道德规范可能比另一种更好还是更差。承认了这一点以后，就等于承认伦理观念中有些东西要高于道德规范，而这种优越正是基于这个东西来加以判断的。因此，像“做你的社会赞成的事，不做它不赞成的事”这种简单的箴言并不能一语道尽伦理观。

不过，有人可能仍然会说：“无论何时何地，所谓美德，就是服从*我的*社会的道德规范。”教会是认可这一观点的。早期的基督徒把异教徒的崇拜偶像之举视为邪恶，尽管异教徒的道德规范要求他们必须这么做。现代传教士会震惊于人们的赤身裸体，即便这个习俗是从史前时代延续至今的。得益于科技化的军事武器的帮助，此观点远播至整个非洲和南海诸岛。只有日本人找到了反抗这种观点的办法：16世纪的时候，西班牙人把传教士和枪支带到了日本，一开始后者照单全收，可是当他们学会制造枪支以后，决定不再容忍传教士。

传教士可能会争辩说：基督教伦理高于任何其他规范这一点是上帝的启示里已经说明的。对此，哲学家肯定会说，其他宗教必然也会发出同样的声明。求助于神学有悖于哲学规则，这些规则遵循的是托马斯·阿奎那[①]的做法，他在四卷本《反异教大全》的前三卷里刻意避免求助于上帝的启示。如果，或者说既然我们更偏重我们自己的道德规范，那么身为哲学家，我们必须找到一些理由，去吸引所有人而不只是那些与我们有着同样神学观点的人。

基于个人良知的伦理存在不足，基于道德规范的伦理亦有不足，二者的情况不相上下。个人良知各不相同：出于良知拒服兵役者认为打仗是错的，暴徒则认为避免战争是错的；摩尼教徒认为除了鱼以外，吃任何动物食品都很邪恶；而很多教派认为这个例外才是恶心的习俗。杜霍波尔派教徒[②]拒服兵役，但并不认为围着篝火一起裸舞有什么不合适的；他们在俄国因为前者而受到迫害，移民到加拿大以后又因后者而为当地所不容。摩门教徒依照上帝的启示赞成一夫多妻，可是在美国政府

---

① 1225—1274，意大利人，欧洲中世纪经院派哲学家和神学家，是自然神学最早的提倡者之一，也是托马斯学派的创立者，成为天主教长期以来研究哲学的重要根据。——译注

② 是俄罗斯正教会中的一个反国教派别，形成于18世纪，该派否认国教和国教会的权威。——译注

的压力下，他们意识到上帝的启示也未必一定能遵守。一些道德家，包括很多地位崇高的天主教耶稣会教士，把诛杀暴君视为一种职责；其他道德家则指出，这种做法从来都是有罪的。显然，良知并不总是应合上帝的意志，因为如果真是上帝的意志，那就不可能呈现出这么多面目。

正如我们都认为一些伦理规范比另一些优越，我们必定也认为一些良知高过另一些，除非我们无知到竟然不知道良知是多种多样的。由此可见，必定存在某种不同于良知的标准，可以据此判定什么行为会被视为可取，而这个标准不可能来自“不可杀人”或者“不可偷盗”之类的行为规范，因为据我们所知，人们对于这类规范并没有达成一致意见。

不必放眼去找，单在我们这个时代、我们这个国家就能很容易地发现，人们在反思之后通常会接受规则的例外。先以禁止谋杀为例。如果把“谋杀”定义为“非正当地杀人”，引申开来等于说谋杀是错的。可是，这仅仅是把问题转向了探询什么时候杀人是非正当的。大多数人认为，在战争以及作为依据正当法律程序定罪的结果时，杀人是无可指摘的。人们通常认为，一个人在自卫时可以杀人，前提是除此之外没有其他方法能保全自己的生命。那么，似乎可以由此引申出：一个人有权在保护妻子和孩子的时候杀人。可是，把妻子从生不如死的命运当中解救出来又能怎样？还有，如果发生危险的是别人的孩子呢？或者假设你刚好撞上盖伊·福克斯[①]正要点燃那辆致命的列车，唯一能制止他的办法就是立即向他开枪？大多数人会认为你向他开枪是正当的。可是假设在你看见他点火的时候，你并不确定他是要把国王、上议院和下议院统统炸飞，还是仅仅点个烟斗，此时你把他往坏处想是否合理呢？

再以乱伦禁忌为例。假设原子弹把全人类消灭得只剩下一对兄妹或姐弟，他们应该听任人类就此灭亡吗？我不知道该怎么回答，但我不认为仅凭乱伦是邪恶的就能给出肯定的答案。

这类问题可以无止境地诡辩下去，很明显，要让一个答案在理论上站得住脚的唯一办法就是发现一些目的是行为应该为之服务的，并在对行为进行深思熟虑以期促成这个目的时，判断行为是否“正确”。

所以，我们在这种思路的引导下把“善”“恶”而不是“对”“错”作为伦理学的基本概念。按照这种观点，“对的”行为是实现“善”的一种手段。这种观点与一直主张“对的”行为就是“有用的”行为的功利主义者有关。他们还指出，当某种行为能提高整体的幸福感或者愉悦的时候，它就是“有用

① 1605年11月5日，35岁的英国约克郡农民盖伊·福克斯在议会大厦的地窖被当场抓获，身边有多达36桶、共计2.5吨炸药，意图在国王詹姆斯一世和大臣召开议会时引爆，炸毁大厦，使国王和议会上、下两院议员全部葬身火海。在爆炸发生前，计划败露，但他并非主谋，只是个点导火线的。此事被称为“火药阴谋案”。此后，人们逐渐忘却了当时的恐慌，代之以“焰火节”的狂欢。——译注

的”，可是眼下我不打算探讨这个观点，只想考察是否存在某种目的，可以根据它来界定何为“对的”行为。

这种观点一直隐约出现在道德规范的整个发展过程中，即使在其间它并没有得到明确承认。禁忌，因为一旦违反其结果将不堪设想，所以绝不可违反。在“山上宝训”（Sermon on the Mount）里，“天国八福”的贯彻靠的是功利主义观点；所谓“温良的人有福了，因为他们要承受土地”[①] 也没有把温良本身作为一种目的。而人们普遍认为，一位优秀的统治者会将其国民的幸福作为目标。此类例子不胜枚举。

即使是在人们认为伦理学的本质是服从通过上帝的启示而领悟到的道德规范的时候，用功利主义观点来为这些规范辩护仍是习以为常的。如果道德唯一的基础是神的旨意，那么由此可以推定，这些主张的反面也未尝不能成立；除了反复无常以外，没有什么理由可以阻止人们把所有的“不可……，不可……”从“十诫”里抹去。这种观点遭到了神学家有理有据地遣责。人们更愿意相信上帝禁止杀人而不是下令人们自相残杀；像谋杀教团[②]这样把杀人视为一种宗教责任的小团体始终是少数。之所以这么想，真正（尽管常常是无意识的）的原因在于一个嗜杀成性的社会令人不安，不可能实现我们大多数人

① 《马太福音》第5章第3—12节。——译注

② 印度旧时一个以杀人抢劫为业的宗教组织，后“Thug”一词进入英语，指“暴徒、恶棍”。——译注

所认为的好的目的。神学家总是教导人们上帝的旨意是好的，这么说并不是同义重复。由此可以推定，善的特性在逻辑上必然独立于上帝的旨意。既然杀人这样的神谕会产生极为糟糕的后果，那么上帝不可能下令杀人。

考察托马斯·阿奎那以功利主义思想为人们广泛接受的基督教道德规范所做的辩护是很有意思的。例如，婚姻如果不是终身制的，父亲就不会参与孩子的教育；父亲能帮上忙，不仅是因为他们比母亲更有理性，还因为他们具备惩罚孩子所必需的体力。因此，婚姻应当是终身制的。再如，兄妹或者姐弟不应通婚，因为手足之情与夫妻之情叠加后必然造成激情过剩。我并不是在审视这些观点是否合理，只是想指出，他们把美德当作获得美德之外的某些东西的途径，这些东西或可称为“益处”。

认真尝试把美德本身当作一以贯之的目的的道德家唯有斯多葛学派和康德。然而，即使是他们也以各种各样的方式表明，在他们明确信仰的伦理道德以外，还信奉着另一种伦理道德。

罗马帝国的皇帝马可·奥勒留[①]是斯多葛学派的代表人物之一，以他对哲学的理解，他相信美德是唯一一个本身具有

① 161—180年任罗马帝国皇帝，有哲学著作《沉思录》传世，人称“哲学家皇帝”。——译注

“好”这种特性的事物。此外，他与他所在的整个学派都教导人们美德最有可能出现在逆境中。他本人并没有受暴君迫害的经历，但他追随的是爱比克泰德[1]的学说。奴隶出身的爱比克泰德亲身体会过专制权力之害，甚至（据说）遭受酷刑而瘸了腿。爱比克泰德教导人们：高尚的意愿是唯一值得称许的，即使暴君也不能逼你变成恶人；所以，你无需惧怕他们；相反，他们的存在倒会使你有机会获得勇气和毅力。马可·奥勒留本可做个暴君，让他的臣民有机会在逆境中成长。可是他没有这么做，而是不辞辛苦地运粮到罗马，在北部边界和野蛮人鏖战多年。作为哲学家，他认为幸福是一件无关紧要的事情；但作为皇帝，他选择竭尽全力地造福于他的国家。这样的行为，从逻辑上讲是站不住脚的，但从人道角度讲是值得赞誉的。

好是由快乐或者美德之外的其他东西构成的——康德对这个观点竭尽嘲弄之能事。美德体现为依照道德法规行事，因为道德法规就是这么规定的。一个对的行为，若是出于任何其他动机，都不能算作美德。如果你对兄弟友善是因为你喜欢他，那这算不得你的优点；可是如果你很受不了他，却仍对他很好，就因为道德法规说你应该这样做，那么你就是康德所说的你应当成为的那种人。然而，尽管快乐总是毫无价值，但康德认为好人就该受苦这种说法是不公正的，单凭这一点，好人就

① 约 55—135 年，斯多葛派哲学家。——译注

该在未来永远享福。如果他真的相信他认为他相信的东西，他就不会把天堂视为一个好人享受幸福的地方，而是把它当作一个有无尽机会去善待他们不喜欢的人的地方。

大多数情况下，人们都会相信某些行为是对的，而另一些行为——无论其结果如何——都是错的，这些情况可以追溯到禁忌的影响，其中的处罚已被人遗忘或者只留给人们一些难以置信的东西。对节育的反对，部分是受俄南[①]的命运的影响。谁学俄南的样，谁就会落得跟他一样的下场——某种程度上人们无疑是这样认为的——这提供了一个无可辩驳的功利主义观点。但是，由于人们相信做出某种禁忌行为会遭受惩罚，因而对该行为生出恐惧，这种恐惧往往让人一直对惩罚心有余悸，以致形成了一条无法再从功利主义角度解释的规则。住在电线附近的儿童会被叮嘱不要去碰电线，即使电线后来废弃了，他们仍会害怕触碰。这和那些曾经有着明显的理性基础，现在这种理性基础已经绝迹的禁忌差不多。但大体说来，这样的禁忌往往会逐渐失效。

至此，我得出了这样的结论——如果我们把“好”“坏”而不是“对”“错”作为我们的基本概念，那么我们将迎来一种能引起广泛共识的伦理学。也就是说，我们应该确切指出某

① 《圣经》中的人物，犹大次子。在耶和华处死了俄南的兄长后，犹大让俄南按照习俗为兄长传宗接代。俄南因为不想生下在法律上不属于自己的后代，性交中遗精于地，由此犯下上帝眼里的恶行，被耶和华击杀。——译注

些东西是“好的”，某些东西是“坏的”，两者都是度的问题。比如，痛得很厉害要比有点儿痛糟；“对的”行为就是有证据表明它可能产生的好会超过可能产生的坏，并达到最大值，或者所能产生的好小于所能产生的坏，达到最小值；当一个人对自己经历善还是经历恶或者一个都不经历根本不关心时，善恶在其眼中并无二致。而道德义务的总和包含在这样的准则中：一个人应该做上述描述中对的事情。

如果这种观点能被接受的话，接下来我们就要探究一下到底何为“好”，何为“坏”。

四　好与坏

“好”与“坏”、“更好”与“更坏”是几个可能有也可能没有语词定义（verbal definition）的词，可是不管怎么说，首先应确切地理解它们。那么让我们先来尝试说明它们的意义吧，语词定义的问题留到后面再说。如果一件事物的价值取决于它自身而不仅仅是它的效果，那它就是“好的”，就像我用这个词时所希望的那样。我们服下苦药，是因为我们希望它会产生令人满意的效果；而一个患了痛风的品酒师饮下陈年好酒是因为酒本身好，其可能造成的不良后果是他不在乎的。药有疗效，却难以下咽；酒是美酒，却没有用处。当我们不得不选择是否让某种事态存在的时候，当然得考虑它的效用。可是这些事态以及它们产生的各种效用都有自己的内在特质，我们因此倾向于选择它或者不选择它，恰如上述例子所示。正是基于其内在品质，在我们倾向于选择它时，我们称之为“好的”；当我们倾向于拒绝它时，我们称之为“坏的”。

功利主义者坚持认为快乐是唯一的好东西，痛苦是唯一的坏东西。这种观点可能会受到质疑，但总的来看，大多数的快乐是“好的”，大多数的痛苦是“坏的”，我希望我对这些词语的使用是在此意义上。对快乐和痛苦稍作探讨将有助于阐明目的与手段之间的区别，这对讨论好坏颇为重要。

我们习惯于把一些快乐视为好的，另一些快乐视为坏的；我们认为源于慈善之举的快乐是好的，源于残忍行为的快乐是坏的。可是在做出如此判断时，我们混淆了目的和手段。残忍的快乐从手段来看是坏的，因为它给受害者造成了痛苦，可是如果它的存在不会伤及他人，或许它就不是坏事。我们谴责醉汉的快乐，因为这会给他的妻子和家人带来痛苦，并导致他在次日早晨受头痛困扰，但如果有那么一种既便宜又不会引起宿醉的杯中物，那他的快乐就都是好的了。道德与手段如此密切相关，以至于考虑任何事物时仅仅根据其内在价值来判断倒像是不道德的了。但是很显然，没有任何一件事物在作为某种手段时具备价值，唯有它作为手段想要达到的那个目的是有价值的。由此可见，内在价值在逻辑上优先于作为手段的价值。

这个手段和目的的问题在伦理上意义重大。文明人和野蛮人、成人和孩子、人和动物之间的区别，很大程度上取决于行为的目的与手段孰重孰轻。文明人会保证自己的人身安全，野蛮人却不会；成人为防止牙病而刷牙，孩子得被人强逼才刷；人们在田间劳作为过冬储备食物，动物则不然。人有远见，会为了将来享乐而甘愿眼下吃苦，这是智力发展最根本的标志之一。由于具有远见并非易事，它要求人能控制冲动，所以道德家强调远见的必要性，并且强调现在的牺牲是种美德甚于强调它日后结果回报给人的快乐。你必须做对的事情，因为它是对的，而不是因为它能让你上天堂。你必须存钱，因为所有明智的人都这么做，而不是因为你最终会有一笔收入保证你生活无忧。此类例子，不胜枚举。

可是，这种心态很容易让人走向极端。来看一下这个可悲的例子：一位老富翁因年轻时操劳过度而落下了消化不良的毛病，于是，在他那些粗心的客人大快朵颐时，他只能吃不抹黄油的面包片，喝白开水；在常年辛劳中他曾幻想过的财富带来的欢愉，如今却无力享受，仅剩下唯一一点快乐，那就是用金钱的力量来迫使自己的儿子们轮流服着同样徒劳的苦役。在大多数时代的大多数文明国家里，专注于手段而不是目的已经让婚姻关系变成了讨价还价而不是互相吸引。当它以一种极端的形式风行于世时，就会扼杀所有的生活乐趣，所有的艺术享受和创造性，还有所有自然流露的温情。吝啬鬼对于手段的热衷是病态的，通常被认为是不明智的，可是同样的弊病如果以较轻的形式出现，就容易受到它不应得的赞许。没有目的意识，生活会变得单调而沉闷；最后，对于刺激的需求会在战争、暴行、阴谋或者其他毁灭活动中找到一种糟糕的出路。

让我们来考察一下在经济体系中对于手段的专注是如何运作的。为了具体一点，我们假设你在关注拖拉机的生产。如果你是资本家，那么你关注拖拉机的唯一目的就是让你的银行存款多起来，你够精明的话，就不会将存款用于花销，而是会用于投资，好让你的存款更多。拖拉机能不能好好耕地无关紧要，只要它不会砸了你公司的招牌就行。老皮尔庞特·摩根[①]在美国内战期间买进一批接近报废的老式步枪，把它们当作新枪出售给密西西比的军队；他用这笔交易的收益和类似交易的收益购买了法国国债，使法国在色当战役[②]之后挣扎了一段时间，尽管是无望的挣扎。老摩根奉行的这种伦理观广受世人敬仰。同样，有本事以次充好的拖拉机制造商也比那些以产品质量为本、甘愿微利经营的人更受尊敬。

如果你是一名雇员，那么你会被失业的恐惧困扰，因此你会把工作当作目的，而不是生产手段。任何花很少劳力就能生产出一定数量拖拉机的设备都会引发你的敌意，因为它平添了你的失业风险。在《创世记》里，工作被描绘成一种诅咒，亚当所犯的罪使他的后代不得不背负这种诅咒；但在现代社会它似乎是一种福祉，其数量绝不能减少。

① 1837—1913，美国银行家，摩根财团创始人。——译注

② 发生在1870年普法战争期间，近代著名战役之一，不仅标志着法兰西第二帝国的灭亡和德意志帝国的建立，也标志着日耳曼民族成了一个整体。——译注

如果你是拖拉机的买家，那么你差不多也同样被排除在终极目的之外。拖拉机会被用来生产食物，食物使人们能工作，工作是为了生产食物，食物使人们能工作……就这样无穷无尽地周而复始下去。要是其中的某个人突然为了自己的利益而思考什么是好的，那么任何一个头脑健全的经济学家或者管理者都会觉得这是件无关紧要且不相干的事情。

像这样一心只想着手段的事例并非工业生产领域独有。想想数学吧。在大学里，数学教育主要是针对那些将来要教数学的人，这些人又会把数学教给将来要教数学的人……确实，有时候人们可以逃脱这种跑步机一般枯燥烦人的工作。比如，阿基米德以自己的数学才能制造机械，帮助祖国抗击罗马人的入侵；伽利略用数学算出抛物线轨迹，使托斯卡纳大公爵的大炮能命中目标；现代物理学家（变得更加野心勃勃）更是用数学来灭绝人类。因为这些原因，数学研究通常向公众表示它是值得国家支持的。显然，这种功利主义心态在苏联和在其他地方一样流行。大约20年前，我遇见过一位苏联数学教授，他告诉我，有一次他壮着胆子向班上的学生提出不应仅仅看重数学在提高机器能效方面的优势，然而全班对他投以怜悯的轻蔑，视其为资本主义意识形态的残余。

如果有一天我们能摆脱这种沉迷于手段的做法，那么经济发展和整个人类生活就会出现一派迥然不同的面貌。我们将不再追问：生产者生产了什么，消费反过来又促使消费者生产了什么？而是追问：在消费者和生产者的生活里，有什么让他们感到活得很开心？他们感受到了什么或者了解了什么、做了什么来证明仁慈的造物主是存在的，从而驳斥了这样的异端邪说——邪恶的造物主出于恶意创造了世界？他们感受过获得新知识的喜悦吗？他们了解爱和友谊吗？他们会陶醉于阳光、春天和花香吗？他们感受到了舞蹈和歌唱中蕴含的生活乐趣吗？有一次在洛杉矶，人们带我去参观墨西哥人的聚居地，告诉我说那里到处是无所事事的流浪汉。但在我看来，他们似乎比我那些焦虑而劳碌的东道主更会享受生活，在他们身上，生活不是诅咒，而是种恩赐。可是，当我试图表述这种感受时，人们一脸茫然。

现在，是时候言归正传，进一步探讨我们所关注的问题了。

我认为，如果我们没有欲望，就永远不会想到好坏的对立，这是显而易见的。当我们感到痛苦的时候，会想去消除它；当我们感到快乐的时候，会希望延长它。我们会因自由受到限制而苦恼，会因无拘无束而高兴。当没吃没喝没人爱的时候，我们会生出强烈的渴望，想得到它们。如果我们对发生在自己身上的事情无动于衷，我们就不该相信好与坏、对与错、值得称赞与该受谴责是二元对立的，并且轻易让自己服从命运的安排，无论结局如何。在一个没有生命存在的世界里，无所谓好坏。我的意思是，对“好”的定义必须引入欲望。我认为，当一件事的发生满足了欲望，它就是好的，或者更准确地说，我们可以把“好”定义为“满足欲望”。如果一件事所能满足的欲望要比另一件事所能满足的更多或者更强烈，那么它就比后者“更好”。我不会自欺欺人说这是“好”唯一可能的定义，我只是说，人们将会发现，基于这种思路而得出的定义要比其他任何在理论上站得住脚的定义更能符合大多数人类的伦理感情。

当我把“好”定义为“满足欲望”时，这意味着满足一个人的欲望和满足另一个人的欲望一样，都是好的，只要这两个欲望同样强烈。由此可见，好和人们在行动中追求的东西并不是一回事，因为每个人都在寻求自身欲望的满足，而这种欲望往往因人而异。当我说每个人都寻求满足自身欲望的时候，无异于是在老生常谈：我们所有的行动，除了那些纯粹的条件反射外，都必定是由我们自身的欲望激发的。这并不意味着我们在自己的行动中完全是以自我为中心的，因为我们的欲望并非只为自己。绝大多数人都希望他们的孩子幸福，很多人希望他们的朋友幸福，一些人希望他们的同胞幸福，只有少数人希望全人类幸福。人寿保险的存在表明普通人的愿望在多大程度上超出了他们自身的生命极限。可是，尽管我的愿望可能不是只为我个人的，但如果它们要影响我的行为，那一定得是为了我。

如果“好”可以定义为“满足欲望”，那么“我的好处”

就可以定义为“满足我的欲望”。由此可以推定，我在行动中总是追求我的利益。我的利益是好的一部分，但不一定是别人处在我的情况下可以实现的最大程度的利益。假设我是个小男孩，有人悄悄塞给我 12 块巧克力；我有 11 个小朋友，没人给他们巧克力。我的欲望可能会生出狭隘的想法，即自己偷偷吃掉所有 12 块巧克力，在这种情形里我的满足感是递减的，每块巧克力带给我的满足感都会低于上一块，吃最后一块时可能满足感接近于零。我也可能慷慨大方地给每个小朋友 1 块，自己只吃 1 块，在这种情况下，每块巧克力造成的满足感都和前一种情况里第一块带来的满足感同样多，满足感的总量也比前一种情况里的总量大。因此，乐善好施的男孩能满足的利益要比自私的男孩能满足的多。这说明了一些欲望在满足普遍的利益方面是如何超过其他欲望的。

有人可能会说我们应当追求的是符合普遍利益，而不仅仅是符合我们自己利益的。我并不否认这一点，但我必须坚持的一个观点是，在对“应当”一词明确定义之前，需要对其进行大量说明。“应当”或可替换为“对的”，我们不妨考虑一下这个表述：“对的”行为是提高普遍利益的行为。我准备接受这个作为它的定义，但如果它要具备任何实际的重要性，那就必须辅以促使我做对的事情的方法。我在任何特定情况下都不会做出对的行为，除非我渴望这么做，因此问题就在于如何影响我的欲望。这可以通过多种方式做到。刑法可以使我的利益和普遍的利益达成某些一致。如果我渴望被人赞扬而害怕受到指责，这可能导致我以一种会被人赞扬的方式行事。我可能由于明智的教养或者幸运的遗传而生性慷慨，这使我天生就渴望与人为善。我也可能像康德一样，有一种为正直而正直的冲动。上述所有条件都会促使我做对的事情，但它们起作用的唯一途径是先影响我的欲望。

如果人类对于什么是"对的"意见一致，那么我们可以把"对的"作为伦理学的基本概念，把"好"定义为通过对的行为而实现的结果。可是，正如我们所知，不同的社会对于什么是对、什么是错存在严重的分歧。一般说来，这种分歧可以追溯到对行为后果的信仰差异，在存在禁忌道德的情况下尤其如此。至于什么样的行为后果被认为是可取的，意见分歧则要小得多。由此可见，根据"好的"来定义"对的"，要比反过来用后者定义前者好。

可是，尽管"追求普遍利益是对的"可能被用作"对的"的语词定义，但其隐含的意义却远不止于此。它意味着或者暗示着：能提升普遍利益的行为正是那些会受到社会赞扬的行为，或者至少普遍利益会因为这些行为受到社会赞扬而有所提升；为了每个人的利益，任何人的行为都应该如此。它喻示着，如果用社会压力——不管是法律，还是赞扬或谴责——来促使人们在以上的意义上而不是其他意义上做出对的行为，那么这个社会就会出现更多的善举，意即会有更多的欲望获得满足。鉴于上述理由，“对的行为是提高普遍的欲望满足感的行为”这一说法有着超越其语词意义的重要性。

有人可能反对我们把“好”定义为“满足欲望”，理由是一些欲望是恶的，满足它们无异于恶上加恶。最明显的例子就是残忍。假设A想让B受苦，并且成功地做到了，这好吗？显然，这并不好，我们的定义也没有暗示它是好的。B的欲望没有得到满足，那些对B没有敌意的正常人的欲望也没有得到满足。A的满足也造成了其他人的不满；而且A想要B受苦亦是大部分人都不希望发生的，除非B犯了众怒。可是，如果想象一下A获得满足却没有伤及任何人，那这还会是恶吗？比如，假设A是一个对B怀有病态仇恨的精神病患者，被关在一座精神病院里，人们可能觉得让他相信B正在受苦是一种可取的做法，从整件事来看，让他相信B正在遭罪，要好过让他一想到B过得很滋润就怒不可遏。只有在这种特殊情况下，一种违反普遍利益的欲望才可以单独得到满足；而它一旦得到满足，就为利益的总量出了一份力。因此，我认为把某些满足视为恶是没有道理的，当然前提是对其进行孤立的考虑，不涉及伴随而来的事和后果。

但是，当欲望被视为手段的时候，情况就很不一样了。有些成对的欲望是相容的，有些是不相容的。如果一男一女都渴望和对方结婚，那么两个人都可以获得满足；如果两个男人想娶的是同一个女人，那么至少有一个必定会失望。如果两个合伙人都想让公司生意兴隆，那么两个人都可以实现这个愿望；可是如果两个竞争者都希望自己比对方富有，那么其中一个必然落空。适用于两个人的欲望的东西同样适用于一群人的欲望。借用莱布尼茨的说法，当一定数量的欲望全部能通过同样的事获得满足时，我称这些欲望为“共可能”；当它们不是“共可能”时，我称它们互不相容。当一个国家处于战时，全体国民对于胜利的渴望是共可能的，但和敌方相反的欲望是互不相容的。那些对彼此怀有善意的人的欲望是共可能的，可是那些对彼此怀有恶意的人的欲望是互不相容的。

显然，在多种欲望是共可能而非互不相容的地方，欲望获得满足的总量更大。因此，根据我们对好的定义，共可能的欲望更适合作为手段。由此可见，爱比恨好、合作比竞争好、和平比战争好，以此类推（当然也有例外，我说的只是在大多数情况下可能发生的情况）。这会引出一种伦理规范，根据它可以把欲望区分为对的和错的，或者不太严格地说，好的和坏的。对的欲望可以和人们能想到的其他欲望成为共可能；而错的欲望只能通过阻碍他人的欲望来获得满足。不过这可是个很大的主题，我会留到稍后的章节再做展开。

五　局部利益与普遍利益

在上一章里，我们把“好”定义为能满足欲望的东西。普遍的利益即所满足的欲望的总量，与被满足者是谁无关。对于一部分人有好处就是能满足这部分人的欲望，对于一个人有好处就是能满足这个人的欲望。显然，各种局部的利益可能会互相冲突。比如，两个人竞选总统时，其中一个将不能得偿所愿，因而投票给他的那部分选民的愿望也无法满足，当然后者的失望程度较轻。这个例子表明，个体之间的愿望或者团体之间的愿望可能是互相冲突的，但任何一方都不应受责备。愿望之间彼此冲突是人类生活中必不可少且无法避免的事实，法律和道德的主要目的之一就是缓和冲突，但不可能将其统统消除。

道德体系各式各样，其对于个人应该寻求哪个阶级的利益也是观点不一。这些体系是同时并存的，很多人会有时候信奉这种，有时候信奉那种。每一种都体现在人们耳熟能详的箴言里。

耶稣基督说，人应该追求普世的福祉。“爱邻人如爱自己”的诫命以及“善良的撒玛利亚人”的寓言[①]，意在说明人们应该将一个通常被认为怀有敌意的团体的成员视为邻人来善待。佛教徒和斯多葛学派的人亦持有同样的观点（“我亦人也，凡人之事，焉能与我无涉！”[②]）。

民族主义兴起后，用自己国家的利益代替全人类的利益，以此作为有德之士所应追求的正确目标是很常见的，它体现在“为了国王和国家”“效忠国家，无论对错”“德国万岁”[③] 等口号中。我知道一些俄国革命党人在日俄战争期间高呼“为俄国军队打败仗”而干杯，这让我感到震惊，尽管在理性上我同意他们的观点。在最近一场战争中，不少英国爱国者却表示对于希望希特勒战败的德国反纳粹人士难以赞同。在国际联盟成立前，人们认为一个国家的外交政策应该只考虑其自身的利益，

---

① 《新约·路加福音》第 10 章第 25—37 节基督讲的一个寓言，说一个犹太人遭强盗打劫，被打个半死，丢在路边。犹太人祭司和利未人路过，都不闻不问。一个撒玛利亚人路过，出于同情照应他。——译注

② humani nihil a me alienum puto，古罗马喜剧作家泰伦提乌斯（Publius Terentius Afer）剧本《自我折磨的人》里的名言。——译注

③ 这些口号中，第一条表达了英国人崇高的理想主义，第三条显示了德国人的道德堕落。除此以外，两者并无区别。

说这是天经地义的。国际联盟成立后，尽管这种做法被一成不变地保留了下来，但理论上还是进行了某种修正。当我们高唱英国国歌时，我们不再允许自己将“希望外国人倒霉”之类的话宣之于口：

破阴谋，
灭奸党，
把乱贼一扫光。

可是，我们中的很多人仍然在心底里抱有同样的情绪。

一些人忠于自己的肤色甚于自己的国家，这样的人白人、黑人、棕色人种、黄种人可能都有。我听说海地的太子港立有基督和撒旦的雕像：基督是黑人，而撒旦是白人。这让白人感到奇怪，但在他们看来，其他地方的基督教艺术作品与此恰好相反的做法却是再自然不过了。吉卜林[①]宣扬白人至上，甚而直呼某些种族是“无法无天的贱胚”。中国人在1840年以前，日本人在1945年以前，也一直信奉黄种人至上。所有此类观点

① 1865—1936，英国作家，诗人，生于印度孟买，是英国第一位诺贝尔文学奖得主，也是迄今最年轻的该奖得主。本句中的引文出自他1897年所写《退场诗》(Recessional)。这一年适逢英国维多利亚女王在位60年，全国举行钻禧庆祝，吉卜林应《泰晤士报》之邀写下此诗。退场诗，即圣职人员和唱诗班退席时唱的圣诗。——译注

都包含这样的信念：只有一个种族的利益是重要的。

一些人认为，忠诚应该仅限于对自己所在的阶级。英国国王在王权鼎盛时期，把“朕权天授”（God and my right）奉为座右铭，而臣民此时没有任何权利。贵族统治期间，约翰·麦勒斯公爵[①]在他流传后世的诗句里宣告：

> 让法律和学问，艺术和礼仪，死去吧，
> 上帝会保存我们古老的贵族阶层。

作为工人阶级的拥护者，马克思喊出了自己的反击口号：“全世界无产者，联合起来!”

还有一些人在限定效忠对象方面走得更远。孔子几乎把它限定为家庭；一些理论家和务实的人仅仅忠于自我，其人生哲学体现在“行善要从自家开始”这句谚语里。

这些学说无不表达了在大型人类集团中普遍流行的一些想法，否则就不可能广为传播大行其道。我希望探讨的是，赞成其中一个学说而反对其他的，是否存在什么理论依据。

让我们从利己主义说起。我说的利己主义，指的是这样一种信条：每个人都要（或应是）只顾自己的利益。为了说得更准确些，我们必须首先界定我们所谓的一个人的“利益”究竟

① 1818—1906，英国拉特兰第七世公爵，政治家。——译注

是什么意思。它最准确的定义应是“心理享乐主义”，即主张每个人不但要追求自我满足，而且不可避免地必须要这么做。早期的功利主义者全都信奉此说。由此可见，如果“美德”存在于在对普遍利益的追求中，那么让人拥有美德的唯一途径就是确保能让自己获得最大满足的行为也是能最大程度造福社会的行为，也就是说，使普遍的利益和个体自身的利益之间达成一种协调。如果没有刑法，我就会偷窃，但是对于牢狱的恐惧会让我安分守己。如果我喜欢被赞扬，不喜欢受责备，那么我邻居的道德情操会有某种类似于刑法的效果。从理性的角度考虑，相信来世无尽的奖赏或惩罚之说可以成为一种更有效的美德保障。

可是，人们渴望的并非仅仅是自己获得快乐。但令人困惑的是，事实上，不管你渴望什么，你都会从实现自己目标的过程中获得快乐，在大多数情况下欲望是快乐之源，而心理享乐主义假定对快乐的期盼才是欲望的起因。最简单的欲望尤为如此，比如饥饿。饥饿的人渴望获得食物，而不愁没东西吃的美食家渴望的是食物带来的愉悦。对食物的渴望是人类和动物共有的特性，而对美食带来的愉悦的渴望则是厨艺、记忆和想象相互作用之后的复杂产物。

进一步来说，满足欲望的对象所带来的乐趣一般由两部分组成：一部分在于欲望满足的过程，一部分在于对象本身。如果你满大街寻找橘子，最终找到了一些，那么你不但会有橘子带给你的快乐（如果找得毫不费力），还会有做成这件事的快乐。当一个欲望被满足后，后一种快乐总是在场，但前一种有时候则可能缺席。

因此，心理享乐主义者假定我们总是渴望获得快乐，在这方面它是错的；但在另一方面——这对我们更加重要——它同样是错的。

一个人渴望的东西不一定是他自己的某个经历，或者一系列经历，或者是在他自己的人生中要实现的什么东西。我们想要的东西完全是我们有生之年看不到的，这种情况不仅可能，而且普遍。最常见的例子莫过于舐犊之情。很多人，甚至绝大多数人都希望子女在自己死后能过得很好。对妻子以及一些不是妻子的女人也是如此，比如，英王查理二世在临终前嘱咐其继任者不要让内尔·格温①挨饿。那些个人欲望仅限于自身经历范围内的人，在其逐渐老去、人生的可能性越来越有限之时，会发现生活日渐单调和无趣，最终变得一无所有，只能坐在火边取暖。另一方面，那些欲望范围广到超出其寿命限制的人，可能直到生命的最后一息还怀着早年的满腔热忱。像柏拉图笔下的苏格拉底，在生命的最后时日里仍像过去一样热心地传播他心目中的真正的哲学。有些人不仅渴望为自己的家人和

① 1650—1687，历史上最著名的情妇之一，在英国国王查理二世背后出谋划策 16 年，助其成就霸业，并生下两个儿子。——译注

朋友谋福利，还希望造福于自己的国家甚至全人类。某种程度上这些都很正常；如果在临终前数小时被告知100年内原子弹会灭绝人类，恐怕没有几个人能含笑离世。

心理享乐主义认为：我的欲望必然决定我的行为。这是对的。而其谬误在于：(1) 我的欲望总是为了我的快乐；(2) 我的欲望仅限于将要发生在我身上的事情。事实上，并非所有的欲望都是以自我为中心的，认为它们都是以自我为中心的观点已经对整个伦理哲学学派造成了不必要的麻烦。一个人的欲望可以是无边无际的，但欲望不会影响行为，除非人们认为某个欲望的实现必须经由一些途径。你可能希望迦太基统帅汉尼拔打赢第二次布匿战争，或者希望在更遥远的星云上有生命存在，可是你对此无能为力，因此这样的欲望实际上并不重要。

不以自我为中心的欲望可能与他人的欲望相冲突，自私的欲望可能与他人的欲望相冲突，这两种可能性几乎不相上下。举一个绝非牵强附会的例子，假设一个团体希望全世界都实行共产主义，而另一个团体希望全世界都信仰天主教。在这种情况下，如果除了军事较量外还有什么其他办法的话，那只能去寻找某种可以让这两个团体达成一致的欲望，这个欲望能避免双方发动战争。如果没有共同的欲望，就不可能实现合作，并且双方谁也不会超越自身利益，形成一种彼此都认可、符合普遍利益的想法。这绝不是一个单纯的理论问题，这个问题的解答关系到消弭战争和建立一个国际政府的可能性。不过，如果我们要冷静下来研究这个问题，比较明智的做法就是以最为抽象和最具可能性的理论来说明这一点。这正是接下来我将竭尽所能去做的。

当一个人把为一些单个集团的利益而奋斗，比如其国家、种族、阶级或者性别，作为自己（主要的而非全部）的欲望，那么这个人所持的伦理观可能有以下三种：第一，他可能会说，从长远的角度讲，人类的利益和他所在集团的利益是等同的，尽管其他集团的成员被自私蒙蔽了双眼，看不到这一点。第二，他可能会说，只有他所在的集团主导了所有结果，其他集团的存在仅仅是这个集团实现自己目的的工具。第三，他可能认为，他只需考虑他所在的A集团的利益，而B集团的某个人同样只需考虑B集团的利益。这三种伦理观中的每一个都有重要的信徒，每一个都值得探讨。

第一种观点可以称为开明帝国主义。它预设了一个原则，即某些社会状态比其他社会状态优越，即便一些大型人类集团并不这么认为。持这种观点的人会说，文明人比野蛮人好，基督徒比异教徒好，一夫一妻比一夫多妻或一妻多夫好，勤劳比懒惰好，等等。希腊人认为自己的生活方式比野蛮人的优越，经过亚历山大的远征和开疆拓土，这种想法导致了希腊帝国主义的诞生。安条克四世[①]强令犹太人吃猪肉，参加田径运动，

① 古叙利亚塞琉古王朝的国王（前175—前164年在位）宣布犹太教非法，对其推行希腊化政策，导致马加比家族起义。——译注

却徒劳无功；但总的来说，在整个近东，希腊的生活方式给被征服地区的人民留下了好印象，至少在城市里是这样。罗马人在成功影响西方文明的过程中便继承了这种希腊化时期的世界观。之后，基督教徒和伊斯兰教徒对于各自宗教的重要性亦持有类似的看法。在印度的英国人坚信自己促进了当地社会的文明，比如麦考利[①]毫不怀疑这是我们的慈善使命：用我们的文学、法律和哲学帮助落后的国家，上天让我们对这个国家负责任。

对于这类理论，黑格尔和马克思做了最详尽的辩护。黑格尔认为，有一种“世界精神”或者一位“世界指挥”主宰着人类文明的发展，并先后借助于不同国家来实现。它一度流连于美索不达米亚和尼罗河两岸，接着前往希腊，然后是罗马，在过去的1400年里到达德国。在某个没有指明但相当遥远的日子里，它将横渡大西洋，在美国安营扎寨。每个阶段都有一个国家是“世界精神”的载体，这个国家成为帝国主义国家是合理的，它可以继续推进自己的大业，直到它的时代走向终结。而抵抗它的国家，就会像迦太基抵抗罗马一样，因为看不清自身在宇宙图景中的从属地位而注定逃脱不了失败的结局。

马克思将这种历史哲学收为己用，只轻微改动了两处。他

① 1800—1859，英国勋爵、历史学家和辉格党政治家，在印度建立了新的教育体系和刑法。——译注

把“世界指挥”的叫法换成了“辩证唯物主义”，又以阶级取代了国家。封建贵族一度是社会进步的载体；在法国大革命期间，扮演这种角色的任务传到了资产阶级手上；在共产主义革命期间（结果证明，这场革命不同于1848年那场[①]），这种角色又被无产阶级接手。共产主义革命眼下已在俄国发生，马克思主义原理和黑格尔主义原理同样都证明了俄国帝国主义是合理的。

现在我来探讨第二种伦理观。根据它的说法，“益处”是仅对某个集团自身而言，其余的人类或是要被扫除的障碍，或是可资利用的工具，唯有这些人有助于实现这个集团的目的，因而要用尽其能。大多数人对于动物的看法几乎是不假思索的：狮子老虎是障碍，牛羊是有用的工具，但这两种看法都没有认真地将它们的福祉视为普遍利益的一部分，而一个睿智的政治家应该把普遍利益作为自己的目标。诚然，现代社会的人道主义者抗议虐待动物，并且取得了一定的成功，但猎狐活动仍在继续。此外，古往今来的教会一直在教导人们，人无需对低等动物负任何责任。由此，教皇派厄斯九世把“防止虐待动物协会”视为伦理异端，禁止它在罗马建立分会。虽然人道主义者不乏其人，我们仍然认为，大多数国家的大多数人仅仅把

① 指1848年欧洲各国爆发的一系列武装革命，首先从意大利开始，法国二月革命后浪潮波及几乎整个欧洲。——译注

动物视为工具或者障碍。

在人类关心的一些问题上，宗教——尤其是基督教——完全否定了这种观点。按照基督教教义，一个人无权杀死自己的奴隶，无权强迫某个女奴做自己的小妾，无权解除奴隶之间的婚姻，即宗教事务人人平等。可是，尽管教义已有明文规定，大多数基督教国家在大多数时代的做法却与此相去甚远。在实行奴隶制的地方，奴隶理论上拥有上述权利，而实际上，奴隶主不买账，法庭也不予承认。以前，北美的大多数白人认为黑人是有用的工具，而印第安人是个麻烦。这两种看法都不曾考虑过印第安人或黑人的利益会对白人的行为有什么影响。过去100年里，这种观点已经大大改观，但仍有相当一部分残留了下来，尽管人们一般不愿意承认。

这类情况还发生在以下这些人身上：英国工业革命初期使用的童工，德国集中营和俄国苦役营里的强制劳力，遭到纳粹迫害的犹太人。

在现代社会，这种伦理理论的最佳阐释者是尼采。他认为，这个世界上确有伟人或英雄，其思想和感情对人类至关重要，而芸芸众生仅仅是少数超人大放异彩的工具或者障碍。他说，法国大革命的合理性在于它造就了拿破仑。在“英雄”一词没有确切定义的情况下，确切地理解这一理论有些困难。事实上，英雄不过是尼采仰慕的某个人。相比之下，从该学说贴近大众的一面来理解要容易得多，比如把男人和女人、白人和有色人种、资本家和工薪层、外邦人和犹太人，等等，分别提对理解。但在理论上，尼采学说可以再精确一点。比如，可以表述为只有智商在 180 及 180 以上的人才是“有价值”的。不难想象，智商 179 的人会希望此说能略作改动，而一个由超级天才组成的政府大概自有办法对付他们。

前文提到的第三种伦理观是每个人只应对自己所属的集团负责，因此 A 只需考虑人类的一部分，而不属于这部分的 B 只需考虑人类的另一部分。这种观点在伦理学理论研究者中几乎没有什么支持者，实践中却被广泛接受。很多人认为对自己国家的责任应该优先于对人类的责任，但如果一艘德国潜艇的艇长因为不赞同纳粹而故意让自己的潜艇落入英国人之手，即便英国海军军官为此感到高兴，也不会有什么人赞成他这种做法。而在中国，直到最近人们还对家庭责任抱有类似的想法，认为家庭比国家重要，并且为明显违背公共利益的行为辩护。大多数人在一定程度上会对这种观点怀有某种同情，就好比当一个人因为害怕纳粹折磨他的孩子而听命于纳粹，我们在评判他的时候应该宽容些。

作为理论，这种观点要求将“对”和“好”区分开。尽管“好”或可被界定，但“对的”行为所产生的可能将不再是最大程度的普遍利益，而是特定集团的利益最大化，后者是通过这个集团的某个成员实现的。由此，其伦理上的结果会因其所选对象的不同——比如家庭、国家、阶级和信念——而异。以一种方式而不是另一种方式把人类划分为各种集团并没有什么绝好的依据，至于生造出任何可能的理由去忽略自己集团之外的人的利益，并承认彼此的自由是对等的，也不是什么易事。既然这个观点并没有像前面的第一、第二个观点那样声称我们所在的集团比其他集团优越，因而是一种客气的说法，尽管它客不客气对于实际结果不会有什么不同。总体说来，它不如前两个观点有道理，我怀疑除了文明国家的各级军官外，是否还会有人如此诚挚地接受它。

迄今我们探讨过的理论全都否认（或者看似否认）对的行为最有可能提高普遍利益。我们称为开明帝国主义的第一个理论并不真的否认它，这个理论认为，放眼未来，某个集团（宣扬这个理论的人恰好属于这个集团）的欲望一旦获得满足，其所带给自己后代的满足也会超过其他集团留给他们后代的。当这个信条真的变成了现实的时候，也就证明它的信徒在追求自己的目标时是在追求普遍利益。据此，人们可以认为亚历山大征服东方以及恺撒征服高卢都是有道理的，而白人把印第安人从美国大部分领土上赶走也可能是合理的。在这种情况下，所有问题都在于事实而不是理论，既然我们关心的是理论，那就无需在此多费口舌了。

第二个理论，也就是我们所谓的超人理论，或许可以做出类似的解释。有人可能会说，超人的欲望、快乐和痛苦都无比强烈，远非普通人可比，他们对全人类的贡献也超过千千万万的庸碌之辈。但这种说法并不可信。莎士比亚说：

> 被我们践踏的可怜甲虫
> 其肉体所受的剧痛
> 和巨人死去时的感受并无二致。[①]

不把话说到这一步，我们就不能很好地使自己相信：拿破仑个人的喜怒哀乐比数百万经历了法国大革命或者在革命中死去的人的喜怒哀乐加起来还要重要。而如果我们不使自己相信此类观点，就不可能从逻辑上定义超人阶级。现实中，虚荣和自负装点着这个定义：当然，我本人是个超人，我必须接纳足够多的与我同样出色的人，从而使我们的集团在别人的愤怒和嘲讽中幸存下来。但是，这不是理论，只是一个自大狂吹出来的神话。

每个人都应该只关注自己和自己所在的集团——这是第三种理论的说法，它对实践有一定的助益。我对我的家庭的付出可能远远超过对中非某个家庭的付出，而杰拉比太太[②]显然是误入歧途了。可是随着世界各地的关联越来越紧密，这类想法的市场越来越小。当全球食品供应不足的时候，如果我也是拒

① 出自莎士比亚的剧作《以牙还牙》。——译注

② 狄更斯长篇小说《荒凉山庄》里的人物，这位“望远镜慈善家”一直在为非洲的饥饿儿童提供救助，而她自己的孩子却在英格兰挨饿。——译注

绝考虑其他国家需要的公众之一，那我等于是在帮数百万人缓慢而痛苦地死去。这种观点从逻辑上讲令人不敢恭维，唯有在利己主义的极端形式下才说得通，而照我们在本章开头所说，极端的利己主义是违背人性的。

综上所述，迄今我们已经发现了不可定义的局部利益，用它代替普遍利益作为行为的正确目的是合乎理性的。而这一点引出的道德义务问题，我们会在下一章里予以探讨。

六　道德义务

在本章里，我希望讨论的是当我们说“我应当如此这般做”，或者“我有道德义务如此这般做”，或者“如此这般的行为在道德上是正确的”时所涉及的概念。到目前为止，我一直说“对的”行为最有可能提高普遍利益；尽管我相信确实如此，但它却算不上是个定义，而是一个极具争议的命题。如果你问我“我应当做什么”，我回答“你应当做可能会提高普遍利益的事”，那么我并没有答出你所要问的意思，而这个你觉得你已经知道了。这好比一个小孩问“面包是用什么做的”，别人告诉他“面包是用面粉做的”，孩子对面包已经很熟悉了，并不是在问“面包”这个词的语词定义；因此，这个回答带给他的是烹饪知识而不是语言学知识。也就是说，如果我回答你应当追求普遍的利益，这个陈述无论对错都是一个伦理学命题，而不是一个语词定义的命题，后者我们完全可以从词典中获得。

事实上，现有的许多伦理学体系对于我应当做什么说法不一。这个人可能说，你应当服从上帝的旨意；那个人可能说，你应当致力于让人类获得最大程度的快乐；还有人可能说，你应当寻求自我价值的实现，或者光宗耀祖，或者为祖国争光。尽管这些人对于我应当做什么给出了不同的答案，但他们都对“应当”一词赋予了同样的意涵，因为如果不是这样，那他们的意见分歧就仅仅和用词有关，这一点并没有什么实际意义。而我现在要审视的，正是这种隐含在伦理学分歧之下的普遍意义。

很多伦理学作家坚称“应当”是一个终极的、不可分析的概念，不可能对它进行语词定义，也就是说，它或者它的某种同等物必须是伦理学基本词汇[①]（minimum vocabulary）之一，甚至很可能是唯一一个不可定义的伦理学术语；另一些作家则提供了形形色色的定义。最终，可能有人坚称这个概念根本就不存在，“你应当这么做”必须被阐释为“我赞成你这么做”（此处的赞成是一种特定的情绪）；而我所说的客观性具有某种欺骗性，它可以使我自己的愿望产生像法律一样的权威。在这些各不相同的观点之间，我们究竟该何去何从呢？

---

① 关于基本词汇，见《人类的知识》一书第四部分第二章。——译注

有些人或许坚持认为服从是道德义务这一概念的根本，但这不再需要人们像过去那样普遍赞同。曾几何时，孩子服从父母、妻子服从丈夫、臣民服从国王、国王服从神的旨意被视为天经地义。可是我们已经看到，认为对错皆应交由神来裁定，不啻为胡说八道（这个词一点儿也没错），因为这样的话可能会黑白颠倒。遵从神的旨意总是对的，这是因为神总是希望对的事情发生，而不应该反过来说如果神希望这件事发生，这件事才是对的。当我们说神的旨意是对的，我们并非是在同义反复。即便我们认为遵从神的旨意总是对的，也不能因此把“对的”定义为“遵从神的旨意”。服从人类的意愿可能并不总是对的；国王、丈夫和父亲们的意愿有时候确实是邪恶的。因此，道德义务似乎不应被定义为服从，即便传统神学总体上认为这合理也是不可行的。

把“应当”定义为赞成，也遇到了类似的反对意见。我们在表示赞成或者不赞成的时候情绪往往非常激动，在不赞成的时候我们会说“他不应该那么做”。如果所有人能在应当赞同什么、不应当赞同什么的问题上达成一致，我们或可用这种看法来定义道德义务。可是众所周知，不同时代、不同地区对于赞同什么、不赞同什么有着极大的差异，甚至在一个国家的某个时间段里也存在意见分歧，比如动物活体解剖者与反动物活体解剖者，出于良知拒服兵役者与其他国民，就是这种情况。如果要用赞成来定义道德义务一词，我们必须确定是谁在赞成。我们的头脑里会浮现出三种可能的答案：一，既定的权威赞成；二，我的良知赞成；三，当事人的良知赞成。既定的权威不可行，因为他可能命令人们做错的事；我的良知也不行，因为显然我无权强迫人们服从我的道德取向。第三个，即一个人应当做自己良知赞成的事，还有待考察。

根据第三个答案，有一对相反的情绪分别可称为“道德赞成”和“道德不赞成”。当一个人在做出某个深思熟虑的行为前感受到了“道德赞成”，他实施了，他的这个行为就是对的；如果他感受到的是“不赞成”，他实施了，那这个行为就是错的。或者我们可以采用一种更确切的说法，即内心深处会有个声音说“做这个”或者“别做那个”，只要当事人选择倾听它。苏格拉底信任的“代蒙”（daimon）① 即是如此，尽管它只是下负面的命令，禁止苏格拉底做出错的行为，却不吩咐他去做对的行为。这个理论有两种形式：把“赞成”当作一种情绪或者一种内在的声音，但两者之间并没有重大区别。我会对前者进行讨论，这样的探讨也适用于后者。

首先应该注意的是，良知因人而异，这种差异并不能作为反驳这个理论的证据。贵格会教徒和猎头族都做了他们的良知认为是对的事情，结果却是：贵格会教徒在政府允许其杀人的

① 也译作“神灵”。柏拉图的《申辩篇》说，苏格拉底经常从这个神秘的声音里获得信息或警告，这种超自然的征兆从小就存在于他的思想中，对此最合理的解释应是苏格拉底具有“宗教梦幻式”的气质。——译注

时候偏不杀人，猎头族在政府说他们不该杀人的时候偏要杀人。这个理论并不需要对的行为应该致力实现的那种客观的“有益”，因为界定“对的”行为并不是依据其结果而是依据其起因，后者必定是听从了良知。

尽管这个理论认为，一个人只要听从自己的良知，就始终会做对的事情；但另一个人完全有可能希望自己的良知告诉他不同的东西。A的良知可能促使他试图改变B的良知发出的指令，举例来说，如果A是某食人族地区的欧洲管理者，而B是食人族一员，在这种情况下，良知很容易被改变，食人习俗几乎绝迹的事实即是证明。可是，如果我们当前的理论是正确的，那么这样的改变必定全靠非理性手段来实现，因为我们想不出任何有效的论据来证明一种良知在道德上优于另一种。向一个人证明他视为对的行为会造成令人不快的后果是没有用的，因为他可能会说：“那又怎么样？道德和快乐一点儿关系都没有。”当然，如果他想列举什么观点的话，你也可以提出一个相反的，比如他搬出《圣经》，那你可以告诉他存在争议的那段被误译了。可是，只要他坚称出于自己的良知，拒不给出其他任何理由，那他在逻辑上就是牢不可破的。

我认为，我们无法以这种理论逻辑上存在某种荒谬性为由来驳斥它，但可以证明它会导致大家都不愿意看到的一些结果。其中，最明显的一个悖论就是难以从伦理学角度解释，为什么偏爱这个人的良知，贬斥那个人的良知。当然，也可能与伦理学无关。比如说：如果我是个乞丐，那么我偏爱的良知是让人们乐善好施的那种，而不是认为鼓励好逸恶劳很邪恶的那种；如果我是个政客，那么我偏爱的对手是那种其良知赞成妥协的，而不是那种把每个问题都视为原则问题的。可是，我不能说我偏爱的那类人更好，因为每一个听从自己良知的人在道德上都是无可指摘的。我也不能说，一个有人道精神的文明人的良知，胜过一个世界观仅限于狩猎打仗的野蛮人的良知。我并不认为一个人的良知因其不断作恶变得迟钝后，就会日益恶化，以致最终不再抗议他的习惯性恶行。而这会导致令人震惊的后果，即长时间持续作恶会使美德更容易显露出来，因为它减少了良知所禁止的事的数量。如果每个人的良知都有权最终裁定“什么对他是正确的”，必然会引发各式各样的悖论。

让我们来想一想，究竟是什么左右了一个人对“什么是正确的”这个问题的答案。在绝大多数案例中，童年的道德教育是最重要的因素，它主要包括对不赞成的表达，可能会因为难得的赞成而形式各异。不赞成可能仅仅是口头上的，也可能涉及一定的惩罚；这两种情况都会让儿童断定某些行为会受到父母，也可能是邻居，还有神的责备（如果这个孩子在虔诚的宗教氛围里长大的话）。成年后，这些与责备有关的东西可能会消失，而残留下来的只有这些行为本身产生的不快。这种令人不快的情感可能表现为一种不赞成的情绪。当然，这类道德教育并非仅在童年时代；男孩和小伙子很容易接受社会环境中的道德观，无论后者究竟如何。比如，一个男孩受到的家庭教育是不许说脏话，可是当他发现自己最钦慕的同学沉溺于亵渎神明的行为，就会轻而易举地把家教抛诸脑后。

不过，我认为不可将良知完全归结为人们受到赞美或责备后的结果，不管这种结果的产生是有意还是无意。一些道德先锋拒绝指责大众向来指责的某些东西，或者赞美大众向来赞美的某些东西。赞美或指责并非无根之水，它们出自道德感情，或者至少是具有一定道德意义的感情。

想一想赞美的极致——名声。人们通过多种不同途径成名，最常见的就是成为掌握某种稀有技能的专业人士。莎士比亚、拿破仑、电影明星和杰出的运动员能做其他人想做却做不到的事情。竞争对手之间有嫉妒对方的理由，而卑下到不敢与人抗衡的人则会满怀钦佩。惠更斯和莱布尼茨听到牛顿疯了的谣言喜出望外，可是蒲柏没有成为科学巨人的雄心，所以能够真诚赞美牛顿的伟大成就。[①] 然而，这是对技能的赞美而不是对道德的赞美。当代道德家认为，没有什么技能或知识是高尚行为所必不可少的，这是《新约》中的一个观点，但苏格拉底不这么看。不过，确有一些男女因个人美德而扬名，他们是圣

① 牛顿和克里斯蒂安·惠更斯（1629—1695，荷兰物理学家）分别代表了17世纪关于光本性的两种学说——微粒说和波动说。牛顿和莱布尼茨（1646—1716，德国数学家）到底谁先发明微积分是数学界的一大公案。18世纪英国伟大诗人亚历山大·蒲柏（1688—1744）为牛顿写了著名的墓志铭，但未被采用。——译注

徒。除了那些道德上的优势外，圣徒确实还必须具备其他价值，比如死后必须有神迹显现。但是考虑到我们的目的，此处忽略所谓的其他价值，让余下的部分来展示究竟什么是西方人公认的卓越美德的最佳例证。

我们把注意力放在名气更大的圣徒身上（因为有些圣徒，比如杰出的圣迦比，仅闻名于当地）就会发现，有相当大一部分圣徒的名声归功于他们传播宗教信仰的活动。其他人，或通过著书扬名，比如福音传教士、圣奥古斯丁、圣托马斯·阿奎那；或以传教扬名，比如使徒圣托马斯、圣波尼法爵和圣方济各·沙勿略[①]；或者像国王路易九世[②]那样，在对抗异教徒的战争中建功立业；或者以组织宗教迫害而闻名，比如圣济利禄和圣道明[③]。在上述这些人之上的，还有贵族殉道团（Noble Army of Martyrs），这些人宁死也不肯放弃天主教信仰，因为为了其他任何信仰而死都不会给殉道者带来什么名气。通过施

① 使徒圣托马斯是耶稣的十二门徒之一。圣波尼法爵（约675—754），中世纪天主教传教士和殉道者，是德国基督教化的奠基人。圣方济各·沙勿略（1506—1552），西班牙籍天主教传教士，耶稣会创始人之一，把天主教传播到亚洲的先驱。——译注

② 1214—1270，发动了第七、第八次十字军东征，途中染病身亡，是唯一被封圣的法国国王。——译注

③ 圣济利禄，412年至444年任罗马帝国统治下的埃及亚历山大教区牧首。他驱逐了亚历山大城里的犹太人和诺洼天派，并可能参与杀害了希腊女哲学家希帕提亚。圣道明（1170—1221），西班牙牧师，道明会创始人。在他死后，西班牙宗教裁判所和德国新教徒都刻意宣传他作为宗教迫害者的传奇。——译注

舍等显而易见的慈善行为被奉为圣徒是可能的，但现实中，单靠这点是无法让人获得盛名的。

最受人尊敬的道德品质似乎是为了维护自己的集团而表现出的勇气和自我牺牲精神。一些人赞赏这些品质，无论其何时何地发生；而另一些人只在自己所在集团的成员展示出这些品质时才会赞赏它们。宗教裁判所是不会赞赏自己迫害的那些异教殉道者的勇气的，反而把他们的顽固不化看作受了魔鬼蛊惑。在战争中，一些人钦佩敌人的勇敢，另一些人则不然。关于赞扬，有一个宽泛的规则，即为了他人利益而牺牲自身利益（或者类似的东西）的人会受到赞扬。对赞扬的渴望和对指责的恐惧可能会大到压倒其他所有考虑因素，“宁为玉碎，不为瓦全”被视为一种可取的情绪，但严格来说，它并不是无私的。某种类似的东西也在起作用，只不过形式没那么戏剧化：如果我鬼迷心窍想不买票就上火车，那么对于一旦败露就会身败名裂的恐惧，将比法律的惩罚还有威慑力。这种赞美和指责是对刑法的补充，以此使个人利益和社会利益和谐一致。

尽管赞扬和指责都很有用，但是，一旦人们基于效用来决定是赞扬还是指责，那它们的效用就要大打折扣。对某些行为的赞赏，无关其有效与否，尽管这些行为可能实际上是有用的；当这些行为并非出于渴望获得赞扬而做时，它们是最令人钦佩的；而另一些行为即便受到指责，也与行为本身的负效用无关。除了喜欢受赞扬，害怕被指责，还有一些情绪促进了受赞扬的行为；一个人可能出于情意、仁善或者诚实，甚至纯粹出于好胜心，放弃自己本可获得的好处。在胜利到来时撒手人寰的将军，比如伊巴密浓达[①]和沃尔夫[②]，人们觉得他们死得很幸福，因为他们的求胜欲望超过了求生欲望。

我们现在必须回过头来谈谈“良知”。这个概念我认为可以定义为：对某些经过深思熟虑的行为的自我赞扬或自我指责。对大多数人而言，这反映了他们所生活的社会的褒贬标准，但对于另一些人而言，由于感情或智力上的特性，良知的定义更为个人化。一个极为反感将痛苦强加于人的人，可能会反对动物活体解剖或反对死刑。一个对“福音书”崇敬有加的人，可能拒绝宣誓[③]。摩门教徒认为抽烟很邪恶，因为他们的教义禁止吸食烟草。托尔斯泰和甘地晚年认为性交很邪恶，即使在婚内也不例外。我不知道他们这么想的确切原因是什么，但我怀疑其原因可能就像圣奥古斯丁在《上帝之城》里阐释某个与此

---

① 约前418—前362，希腊城邦底比斯的将军和政治家。在曼迪尼亚战役中领导底比斯军队打败了斯巴达人，自己却重伤不治。——译注

② 1727—1759，英国陆军少将，在亚伯拉罕平原战役中打败法军，攻陷魁北克，后阵亡。——译注

③《马太福音》第5章第34—37节：基督告诫信徒什么誓都不可起，不可指着天、地、耶路撒冷或者自己的头起誓，“你们的话，是，就说是；不是，就说不是；若再多说，就是出于那恶者。”——译注

略有不同的论点时所讲的那样[①]。由此可见，一个人的褒贬标准可能与他邻居的不一样；如果他是个“有良知的”人，那么他会照自己而不是他人的标准行事。

我们或许能区分“主观”正确性和“客观”正确性的不同，说一个人的行为如果得到了其良知的认可，即具有“主观”正确性，可是这并不能保证其在“客观”上也是正确的。因而“我应当做什么”这一问语义不明。如果将“应当”理解为主观正确性，那么我应当听从我的良知；但如果理解为客观正确性（这仍然有待界定），那么在我的行为获得认可前，我得让它通过某些来自外界的检验。如果我们承认（我认为我们必须承认）并非所有的良知都无可指摘，那我们就不得不去探究“客观正确性”的意涵，然后据此对良知做出判断。

我个人认为，“客观正确性”是个无法精确阐释的概念，但可以根据大众的欲望而不是施事者的欲望来进行界定（只要它能被界定），或者更确切地说，根据很多人的欲望来界定。而施事者只是这很多人中的一员。道德的主要目的在于提倡那些符合集体利益而非仅仅符合个体利益的行为。我认为，“客观上正确的”行为是最能满足提供伦理观导向的集团利益的行

---

① 参见罗素著《西方哲学史》论《上帝之城》的一节：“禁欲主义者之所以嫌恶性欲显然在于性欲之不受意志指挥。所谓道德，要求意志对身体的全面控制，然而这种控制却不足以使性行为有所可能。因此，性行为似与完美的道德生活势不两立。”（何兆武等译版本）——译注

为。但界定这个集团是困难的，不同的人在不同境遇下会有不同的定义。这个集团可以是家庭、公司、国家、教会或者全人类，甚至可以比人类更大，涵盖所有具备感知能力的生物；选择其中哪一个来定义“客观正确性”，取决于哪个人类集合要界定它。法国的“家庭委员会”[①] 会选家庭；股东会议会选公司；军事法庭会选国家；审判不守教规的教士的人会选教会；审判战犯的人会以绝大多数人类的利益的名义；涉及动物活体解剖的法律虚构出了能够自己陈述案情的动物。

以这些集团中的一个而不是另一个来界定“客观正确性”，是否具有理论依据呢？我看没有。在前一章里，我把“正确”定义为满足普遍的欲望，也就是说，把所有具备感知能力的生物都包括进去了。可是，如果某人坚称只有德国人的欲望才该被考虑，我不知道如何通过纯粹的逻辑论证来驳倒他。在战场上，这种观点已被驳倒，那么在书斋里也能吗？当我说它已在战场上被驳倒的时候，我是不是等于承认，如果德国人获胜，这种观点就会是合理的？我自然不愿意这么说，也不相信这个，所以让我们看看从另一角度有什么可说的。

如果“客观正确性”之说可以服务于任何目的，那它必须满足两个条件，一个是理论的，另一个是实际的。理论上的条

---

① 法国为保护未成年人利益而设立的一种制度，由当地士绅和当事人父母的 6 位亲戚组成。——译注

件是，必须有某种方式能知道什么类型的行为是“客观上对的”；实际的条件是，至少对一些人来说，如果某个行为客观上是正确的，那么这一点必须是促使其行动的一个动机。

让我们先看一下“客观正确性”无法被定义的观点。在这种情况下，如果关于它有什么要了解的话，必须起码有一个无法被证明的命题，其真实性必须得到伦理直觉的认可。我可以说，我有这样一种直觉，它告诉我客观上正确的行为就是很可能最大程度提高普遍利益的行为。如果人人都同意我的观点，那么这个理论就是可以成立的。无论如何，在逻辑上它是无法被驳倒的。你无法证明这个概念不存在，或者我对我说的其实也一无所知。但是，如果你说客观上正确的行为就是那些能提高你或者德国人或者白人的利益的行为，我同样也无法证明你错了。如果我要强词夺理，那就只能出言不逊了。比如，我可能会说：“先生，你用错了术语。伦理直觉是种杰出的才能，而你显然没有。它教你公正无私，要求你必须超越自我，并且像上帝一样不偏不倚地看待世界。伦理直觉之于行为活动，一如科学观之于思想。可你就是个凡夫俗子，被人生中的各种意外之事所束缚；就是个奴颜婢膝的可怜虫，无法从此时此地的桎梏中解脱。”

我可以像这样演说，极尽辞藻华丽之能事，可这会让我的对话者信服吗？如果后者对我怀有深深的敬意，或者他是一个被我的巧舌洗脑多年的学童，那么此举或可奏效。可如果他是个纳粹，而我是他的囚犯，那他只会对我大刑伺候，并把我饿个半死，直到我对他的观点甘拜下风。我可能恨他，蔑视他，但我无法驳倒他。如此说来，似乎整个分歧都是感受和激情意义上的，无关理论的正确或谬误。

有人也许会说，我是在做无谓的退让。或许伦理直觉这种东西真的存在，我可能就有，而很多人没有。在H·G·威尔斯的短篇小说集《盲人国》里，一个正常视力的人试图说服一群盲人相信他拥有这些人缺少的一种感官，可是他失败了，最后这些人决定挖出他的眼睛以治愈他的幻觉。在伦理直觉这个问题上，情况也大致如此。但如果大部分人对伦理是无知的，那么那些有伦理认知的人，其命运很可能类似于威尔斯笔下的"先知"（seer）。事实上，道德改造者的历史证实了这种观点。

试问：从心理学角度看，一个人所认为的客观正确究竟是由什么决定的呢？主要是青年时代习得的道德规范，比如"十诫"里的内容。可是，如果一个人善于反思，倾心于伦理学和政治哲学，他就会寻找某种统一的道德原则，道德规范即是从此原则中推导出的。他会意识到，要想使这个原则能服众，就一定不能选择那种会让他自己或者他所属的某个集团有利可图的原则，除非他认为自己或者他所属的集团强大到足以统治世界。我们都相信，这种统治在人类对动物的情况下是可能实现的。我们知道，总体而言，我们可以让动物以符合我们利益的方式存在——牛和羊，产毛、产奶、长肉供我们食、用；老虎被关在笼子里供我们的孩子消遣，而不是大发雷霆要吃掉我们。只要奴隶贸易还在继续，黑人的境遇亦是如此。正如上述例子所示，人们习惯于以某个统治集团的标准来定义客观正确性，只要这个集团的统治地位稳固。而一旦它被动摇，我们的伦理哲学家如果还指望自己的学识赢得普遍认可的话，就必须拓展自己的视野。

正如我们所见，有两种方式可以让道德规范普及开来。一种是界定普遍利益，并指出人人都应当追求它；一种是界定专门针对某个人或者某个集团的利益，并指出每个人都应当追求他自己或他所在集团的利益。每个人都应当追求自己所在集团（而不是他自己）的利益——持这种观点的人必定把爱国或者忠于家庭视为最高职责。而反对者的观点，在我们看来源于这样一个事实，即偏爱某个集团胜于某人所属的另一集团，并且毫无依据可言；家庭、国家、阶级、主义，个个都主张自己的权利，但没有证据表明应该把伦理学的至高地位赋予它们当中的任何一个。

因此，关于什么是客观上正确的，留给我们两种观点。我们可以说“人人追求自身的利益在客观上是正确的”，也可以说“追求普遍的利益客观上是正确的”。在此，我们仍然把“客观正确性”当作某个无法被定义的东西，并且假定我们是有可能不通过界定而通过论证或者伦理直觉在上述两种观点中做出选择的。

让我们先来看看利己主义的观点，与此同时，别忘了我们把“好”定义为能“满足欲望”的。我可能生性乐善好施，对普遍利益的渴望胜过其他一切。在这种情况下，于我有利和于大家有利是一致的，即我的两条戒律最终将殊途同归。或者可能再次出现这样的情况，尽管我最强烈的渴望是服务于我自己的，但它们只促使有益于普遍利益的行为发生。比如，当我极其希望成为一个乐善好施的人或者想“和不朽的诗篇相伴终身”时，这种情况就会发生。我们目前关注的以自我为中心的道德体系，并不一定是一般意义上的自私。比如斯多葛学派认为，人人都应该致力于修身养德，而这种发乎个人的行为将会提高人类的普遍利益。但他们没有把“好”定义为能“满足欲望”，只有部分欲望是以有益为目标的。如果你要的是财富、权力或者什么世俗荣华，那么即便得到你也是一无所有；只有美德才是真正好的，只有美德才是有德行的人渴望获得的东西。美德是符合神的旨意的。

因此，我们必须审视是否可能把欲望划分为好的、坏的和无所谓好坏的。我们已经看到，当“好”被定义为能“满足欲望”时，这样的划分是可能的，因为某些类型的欲望是共可能的，而其余的则不行。可是，通过这种方式得出的分类是派生的，仅仅把欲望视为手段。斯多葛学派的伦理学说要求我们认为一些欲望本质就是坏的，而其他欲望本质上就是好的；或者更准确地说，把由某些欲望激发的行为的本质视为错的，把由其他欲望激发的行为的本质视为对的。比如，我们可能说，因恨而生的行为是错的，因爱而生的行为是对的。我们假定，人们这么认为，不是因为此类行为的结果，而是因为它们的内在品质；我们假定，人们这么认为，是凭借伦理直觉的优势。

我反对这种观点是因为，事实上，我们更愿意爱而不是恨，因为爱能让总的欲望获得更大的满足；而在禁忌和迷信被摈弃后，那些明显从伦理直觉衍生出来，仍然妨碍规范形成的东西完全由一个原则推演而来，即追求普遍利益在客观上是对的。因此，我们或可将这个原则作为许多次级直觉的一个替代品来接受。

然而，这并没有解释以下观点：在判断什么东西客观上正确时，某些欲望比其他欲望更重要。从心理角度讲，我必定追求我自身的利益。也就是说，我采取行动时总会基于某种欲望，而这个欲望必然是我的。当我们面对——（1）我应当追求自身的利益；（2）我应当追求普遍的利益——这两个命题时，显然，第二个命题实际上并不重要，除非有办法让我以实现普遍利益为愿望，或者至少以促进普遍利益的方式来行事。后者是一个如何协调公众利益和个人利益的问题，刑法、经济手段、舆论褒贬将（或应该会）有助于促进二者的和谐。可是，如果我只是因为普遍利益本身的原因而渴望获得它，那么在我的利益和普遍利益之间就产生了一种独立于社会体系的和谐，它也可以因此被称作“好的”欲望。一般来说，如果有些欲望凭借自身特性而非单纯依靠社会体制的力量就能使我的行事以追求普遍利益为目的，那么这些欲望可以被称为“好的”欲望，或者干脆称为“对的”欲望。与此相应，比起那些和社会的普遍利益相悖的欲望，这类欲望理应获得更多道德上的尊敬。

在努力构建一种道德哲学的过程中，我们问自己究竟何种类型的行为在客观上是正确的，无论我们知道与否，都会受到自身欲望的影响，但可能不是所有的，或者至少这些欲望的影响不是相等的。我们会意识到，我们寻找的是*普适的*规范；一般说来，道德行为的目标绝不可包含特别偏向我们自己好恶的内容。人人都应当追求其自身利益，这个观点在逻辑上是行得通的，但若是人人都应去满足A先生的利益就会很荒谬，除非A先生是至高无上的君王或者佛陀的化身。要真是这样，不必提及A先生的名字，普适的规范就被阐明了。“我们都应为国王效劳”可能会在军队里被奉为铁律；但如果A是国王，那么说“我们都应当为A效劳”就是种误导，因为A可能逊位，那样的话我们效劳的对象就变成了他的继位者。至此，关于客观正确性，我们有了第一条原则：不必提及任何个人，它就可能被表达出来。

我们或许可以在不违反这条规则的前提下，区分个体所处的不同阶级的差异。在伦理哲学中，最普遍的是对有德之人和罪人的区分。很多神学家认为，正义就是善*本身*，因而善人会获得永远的赐福，恶人会受永世的折磨；还认为，在此生的尘世生活中，我们的责任就是通过惩恶扬善来尽可能模仿神的旨意，惩罚恶行的目的并不完全是去威慑或感化，纯粹的报应也是其中一部分。如今，持这种观点的人比以前少多了，大多数人都认为刑法的设立具有预防犯罪的目的，而恶人会下地狱之说已经没人相信了，或者信者越来越少。可是，逻辑上这种观点仍然成立：我们应当爱一些人，恨一些人，从绝对意义上讲，满足我们恨的人的欲望会被视为邪恶，而阻碍他们满足欲望会被当作行善。如何才能驳斥这种观点呢？

先来看一种审慎的观点，尽管其论据并不充分，还稍微有点肤浅。这个观点可能极为强调有仇必报，强调一个鼓励仇恨的世界将充满冲突，没人能过上好日子。但是，假如被仇恨者所在的阶级小而无权，比如，这个阶级的成员都是些犯下某些罕见的罪行（诸如杀父弑母）的人，那么上述观点就是不充分的。而且它也是肤浅的，原因在于好人不会仅仅因为善举会让他不舒服就畏缩不前，除非他确信这个善举最后会适得其反。

当我们寻找某种更有说服力的观点去驳斥它的时候，可能会找到一种理性观点，或者一种基于我们自身的感性观点。理性上，我们可能认为“罪”是个错误的概念，因为个人行为取决于其所处环境，对此他并不能完全掌控。（我将会在下一章里探讨这一观点。）在感性上，我们可能发现自己身上要么有一种消极的公正情感，要么有一种积极的博爱众生的情感。如果能强烈感受到二者之中的任意一个，我们就不会接受把人类划分为绵羊和山羊的伦理观[①]。可是，在同一个怀有不同情感的人争论时，两者谁都无法被证明具有说服力。

现在，该总结一下我们到底能从上述颇有些天马行空的讨论中得到些什么。

“主观正确性”的概念是清晰而明确的：如果施事者在情感上赞成它，它就是“主观上正确的”；如果不赞成，那它就是“主观上错误的”。可是，如果我们说“一个人应当做他主观上认为正确的事情”，就会发现自己陷入了难以容忍的悖论。于是，我们有了去寻找“客观正确性”概念的动力，这个概念应该对所有人都有效，并且能使我们获得具有普适价值的道德规范。我们或可说，有这样一种概念，它是无法被定义的，而我们有伦理直觉，这种能力使我们能够断言某种行为客观上是正确的，相反的举动客观上是错的。假如我们这样说，没人能驳倒我们；可是，在不得不和一个否认伦理直觉的存在或者其直觉于我们有异的人争论时，我们也无法证明自己是对的。当我们考察我们所谓的伦理直觉的源头时，就会发现，它主要存在于我们在自己所处的社会环境中感受到的赞扬或者批评的情感

① 羊是西方文化中的重要形象。绵羊象征驯服善良的好人；山羊代表威严、权力，也象征着邪恶和淫欲。希腊神话中，最高神祇宙斯就化身为羊。《圣经》里，世界末日来临之际，上帝要把地上万民分成两群，好像牧羊的分别绵羊、山羊一样，好人受到祝福往永生里去，坏人将遭受永刑。——译注

中，还有一些存在于我们自身的爱或憎、支配或服从之类的情感中。道德规范之间的区别，部分源于事实的差异（比如巫术的可能性），部分源于不同个人之间或者不同社会之间的情感差异。由此看来，没有理由假设“道德直觉”这么个东西。当我说一个行为“客观上正确”的时候，我其实是在表达一种情绪，尽管从语法上看我好像是在断言什么。

可见，在我们假设的“客观正确性”这个概念里，没有什么东西是真正客观的，除非不同的人欲望恰好一致。

如果我说“一个正确的行为旨在最大程度地满足有感知能力的生物的欲望”，那么我可能只是在给“正确”这个词下一个语词定义，而我的言外之意肯定不止于此，还有：(1) 我对这类行为持赞成态度；(2) 我在情感上或者不偏不倚，或者博爱众生，或者两者兼而有之，这使我不愿意只顾及某个人的利益，而忽视那些有着同样利益的人；(3) 我的观点可以被所有人接受，但假如我声称我自己的利益是最高利益，这种情况就不会发生；最后一点，(4) 我应该希望我的观点被所有人接受。

由此可见，当伦理学论证不仅仅是达到既定目的的最佳手段时，它和科学论证的不同之处在于，它所探讨的是各种情绪，尽管它可能用陈述语气来掩饰自己。这说明，万万不可假定伦理学论证是不可能的；以论证来对人产生情感上的影响，即便不是更容易的话，也至少和从理性上说服别人一样容易。困难之处在于：在理性辩论的过程中，应该有一个我们千呼万唤的非个人的真理标准，而在伦理学中，似乎并不存在这样的标准。这是一种真实而严重的困难，我会在下文中进行探讨。

七　罪孽

有史以来，罪恶感一直是占主导地位的心理因素之一，迄今仍在相当一部分人的精神生活中起着重要作用。可是，尽管罪恶感很容易识别和定义，“罪孽”的概念却是含糊不清的，尤其是当我们试图用神学之外的术语来阐释它时。在本章里，我希望从心理层面和历史层面来探讨罪恶感，并考察在神学之外是否有什么概念可以合理解释这种情绪。

一些“开悟”的人相信自己已经看透了“罪孽”，并且抛弃了与此相关的全部信念和复杂情绪。可是如果详加查考，就会发现这些人中的大多数只是拒斥被广泛接受的道德准则中某些突出的部分，比如禁止通奸，却仍然保留了自己的某种道德准则，并且完全遵守。比如，某个法西斯国家的左翼阴谋家在致力于实现公共目标的过程中，可能会认为自己欺骗和蒙蔽三心二意的“同路人”[①]、盗窃反动派的资金、为刺探机密而出卖肉体、因情势所需而杀人，都是完全正当的。他在表达自己看法的时候，可能随时表现出一种骇人的道德犬儒主义（moral cynicism）。可就是这么个人，如果敌人逮住他并施以酷刑，叫他供出同伙，他可能会展现出一种视死如归的忍耐力，很多认为他道德卑劣的人对此也自叹弗如。如果他最终没能挺住，出卖了同志，他很可能会愧疚到五内俱焚，以致自杀谢罪。再举一个不同的例子，某人从道德上讲可能各方面都很可鄙，就像萧伯纳剧作《医生的两难选择》里的男主人公一样，唯一的例外就是事关其艺术良知的时候，只有在这件事上他可能会做出非常痛苦的牺牲。我不想保证，人人都会把某些行为视为“罪孽”；我愿意相信，有些人毫无羞耻之心。可是我也确信，后者毕竟是少数，不在那些用最响亮的声音宣告自己从道德顾虑中解脱出来的人之列。

大多数精神分析家极为重视内疚感或罪恶感，他们中的很多人似乎将这些感觉视为与生俱来的。对此，我不敢苟同。我相信，年轻人内疚感的心理根源是害怕父母或任何权威人士的惩罚、不赞成。然而，如果一种内疚感乃是源自惩罚或者不赞成，那么这种权威必然受人尊敬，而不仅仅是令人害怕；如果

① 指同情某一政治运动或政党却不曾正式成为其成员的人。欧洲人一般以此指称纳粹同情者或共产党同情者。——译注

只有害怕，那么人会在本性驱使下产生欺骗或者叛逆的冲动。幼儿自然会尊敬其父母，可是学龄儿童就不那么容易尊敬他们的老师了，因而只有对惩罚的惧怕（而不是罪恶感）能限制他们不至于做出太多忤逆管教的行为。如果有人因为自己不服管教而感到有罪，那么他所不服从的必然是他内心深处尊敬和承认的一种权威。狗在偷吃羊腿时被逮个正着，假如逮住它的是它的主人，它可能就会有这种感觉，可如果逮住它的是个陌生人，它就不会有这种感觉。

然而，精神分析家将人的罪恶感之根源追溯到其童年早期，这无疑是正确的。那几年里，父母的训诫他不容置疑地接受，可是内心的冲动如此强烈，使他无法总是驯服。因此，不认同父母意见的想法频频出现，并让孩子感到痛苦。诱惑也是如此，但它们可能被成功地遏制了。长大成人以后，父母的不赞成可能逐步被遗忘殆尽，可是一旦做出这些曾经不被许可的行为，仍能引发某种痛苦感受，这种感受可能转化成某种念头，即相信这些行为是有罪的。有些人相信罪孽的本质是不服从天父，对这些人而言，情绪模式的变化非常微妙。

很多人尽管不信上帝，但仍然怀有罪恶感。这可能仅仅是下意识地联想到父母的不赞成，也可能是某人未能反抗自己族群的道德标准，因而怕族群对他有不好的看法。有时候是罪人的自我否定让其觉得自己邪恶，和他人怎么想没有太大关系。这种情形不太可能发生在一般人的身上，只会发生在那些独立自主或者禀赋卓越的人物身上。如果当初哥伦布打消了去找印度人的想法，那么没有任何人会怪罪他，但可以想见他的内心会自惭形秽。托马斯·莫尔爵士年轻时，因为想学习希腊文却得不到父亲和校方的许可，被迫离开牛津大学。无疑，如果他屈从于长辈和上级的意见，就算人人赞许，他还是会有罪恶感的。

罪恶感在宗教当中起到了非常重要的作用，尤其是在基督教里。在天主教里，它是神职人员权力的主要来源之一，并在教皇与皇帝长期的争权夺利当中对前者的获胜助力良多。就心理层面和教义层面而言，罪恶感在圣奥古斯丁那里达到了高峰。可是它的根源可以上溯到史前时期，在古代所有的文明国度得到了长足的发展。它的早期形式与宗教仪式性的污秽和违反禁忌有关。在希腊人当中，俄耳甫斯教徒和受其影响的哲学家们特别强调罪孽感。在俄耳甫斯教徒看来，正像在印度一样，罪恶和轮回相关：罪孽深重的灵魂会在死后进入一只动物的体内，经历一系列净化以后，最终从“生命之轮”的桎梏中解脱出来。一如恩培多克勒所说：

> 只要有一个魔鬼——漫长的岁月就是他的命运——曾用罪恶的双手沾满鲜血，或者追随过争斗而背弃了自己的誓言，他就必定要远离神佑者之家在外游荡三万年，其间会在世间托生为种种不同形式……我如今就是这些形式

之一，是一个见拒于诸神的被放逐者和流浪者，因此我把我的指望寄于无情的争斗。

在另一段话里，他说："啊，我太痛苦了，在我张嘴大嚼犯下大罪之前，无情的死亡日竟不曾毁灭我！"看来这些"罪孽"很有可能包括嚼豆子和月桂叶，因为他说"（我要）完全戒掉月桂叶"，又说"不幸的人，最不幸的人，你的手可千万不要去碰豆子"。这些段落说明：人们起初构想的罪孽原本并不是什么危害他人的东西，而仅仅是些被禁止的东西。这种态度在许多关于性道德的正统教义中一直延续至今。

基督教的罪恶观与其说来自希腊人，不如说来自犹太人。《先知书》把"巴比伦之囚"[①] 归因于上帝的震怒，在犹大王国独立时期依然盛行的异教徒习俗点燃了这种怒火。一开始罪是集体犯下的，惩罚也是集体承受，然而渐渐地，当犹太人逐渐习惯于无法政治独立，一种更个人主义的观点占了上风：谁犯罪，谁受惩罚。有很长一段时间，人们预计惩罚会发生在这一世，并认为生活美满即一个人拥有美德之证明。可是在马加比

---

① 系指耶路撒冷城居民沦为巴比伦囚虏一事。公元前 597 年犹大王国首都耶路撒冷为新巴比伦国王尼布甲尼撒二世所陷。公元前 586 年（一说公元前 587 年），所有居民，除极贫穷者外，均作为俘虏被带至巴比伦，被迫务农、做工或经商。犹大王约雅金被囚禁于狱中。至公元前 538 年波斯国王居鲁士灭巴比伦，被俘犹太人（约 5 万人，其中有奴隶 7 300 多人）才返回耶路撒冷。前后为囚近 50 年（公元前 586—前 538），史称"巴比伦囚虏"或"巴比伦之囚"。——译注

家族那个时代的宗教迫害当中，这一点变得很明显：最有德行的人在这一世却是最不幸的人。这激励人们相信来世是奖善罚恶的，相信到时候安条克会受苦，而他迫害的人将会获胜。这一观点经过适当修改后传入早期教会，在历经宗教迫害后保留了下来。

然而，在我们把罪孽归咎于敌人或归咎于我们的缺点时，心理状态大不相同，因为前者事关我们的尊严，后者说明我们是谦逊的。谦逊在原罪论里达到了极致，圣奥古斯丁对此做过最精彩的阐述。根据原罪论，亚当和夏娃被创造出来的时候是具备自由意志的，有能力对善恶做出选择。吃了苹果之后他们选择了恶，那一刻，堕落进入了他们的灵魂。从此，他们和他们的后代都无法依靠自身独立意志的力量来选择善，只有神的恩典能让其选民合乎道德标准地生活。神的恩典在没有任何指引原则的情况下就降临到了一些受洗者身上，此外，除了某些族长和先知，不会降临到其他人身上。由于神没有赐下恩典，其余的人类极其不幸地注定会犯罪；因为他们的罪孽会触怒神，所以终将堕入万劫不复。圣奥古斯丁列举了襁褓中的婴儿所犯的罪，并断言没受洗就夭折的婴儿会下地狱。神的选民上天堂，因为神选择施怜悯于他们——他们有德行，因为他们是神的选民，而不是反过来——他们是神的选民，因为他们有德行。

尽管路德和加尔文接受了这种残忍的教义，但在这两个人以后，它却没有成为天主教会的正统教义。如今，只有（来自各种教派的）极少数基督徒接受这一教义。不过，地狱之说仍是天主教教义的一部分，即便被罚受地狱之苦的人数比以前所假定的要少。下地狱被证明是罪人应得的惩罚。

根据原罪论，因为亚当偷食禁果，所以我们所有人理应受罚。今天的人大都觉得这种教义不公，而当政治上宣扬类似教义时，很多人并不觉得有什么不公。比如，有段时间人们认为1939年以后出生的德国儿童活该饿死，因为他们的父母没有反对纳粹。不过，即使是支持这种观点的人也承认它是粗暴的正义（rough human justice），不可说成是神的旨意。坦南特博士[①]在《罪的概念》一书中精辟地阐述了现代自由派神学家的立场。在他看来，罪的本质是意志的行动，这些行动有意识地反对某种已知的道德法则，《启示录》把这种道德法则称为神的旨意。由此可以推定，一个不信宗教的人不可能犯罪：

> 如果我们坚信宗教因素在罪的概念里不可或缺，如果我们采纳宗教的超自然定义，那么由此可以推定，如果有人不信任何宗教，也就是说，这些人坦承自己没有任何神灵或者超自然的观念，感受不到任何类型的宗教情绪，那

① 1866—1957，英国神学家。《罪的概念》致力于给基督教的关键术语“罪”提供一个清晰而合乎逻辑的定义，同时引入伦理学和心理学对此论题的现代理解。——译注

> 么按照我们公认的对“罪”的理解，他们根本就算不上罪人；不管他们的一生如何道德败坏，哪怕他们也自认是恶贯满盈的，还是算不上。[①]

由于开头部分提出的限制条件，很难弄清楚这段话到底是什么意思。作者先前解释过，他所谓宗教的“心理”定义，是指一个人接受宗教的方式，而不仅仅是基督教本身所认定的内容。可是“感受不到任何类型的宗教情绪”是什么意思，还很不清楚。我本人有些“情绪”——感情和道德信念——人们很容易把它们和基督教信仰联系起来，可是我没有任何“神灵或者超自然的观念”。因此我不太确定，按照坦南特博士的看法，我到底有没有能力“犯罪”。我也不太确定，按照我本人的看法，有没有一种实实在在的概念可以被称为“罪孽”。我知道一些行为，如果我做了就会心生羞愧。我知道一些残酷可憎的事，我希望它们从不曾来过这个世界；我知道没有充分发挥我所具备的才能，会让我觉得好像背叛了自己的理想。可是我一点儿也不确定怎样对这些感情做出合理解释，也不确定如果我做出了合理解释，这是否意味着在为“罪”下定义。

如果“罪”意味着“拒不服从神的已知旨意”，那么很显然，不信神或者认为自己不了解神的旨意的人就不可能犯罪。

① 见前注引书，第216页。

但如果“罪”意味着“拒不服从自己的良知”，那么它就可以独立于神学观而存在。然而如果它仅仅意味着这个，那么在它和“罪”这个词之间就缺乏普遍关联性。人们通常认为，犯罪应受惩罚，不仅因为惩罚具有威慑力，或者可以激励人改过自新，而且因为这么做符合抽象的正义。神学家让我们相信，地狱里的苦难并不能提升那些受煎熬的灵魂的道德；相反，这些灵魂会生生世世犯罪，无权摆脱。纯粹将“罪”视为施加痛苦的理由，这种想法与我所主张的任何此类伦理学观点都格格不入，尽管它曾在神学之外被单独提倡过，比如在G·E·摩尔的《伦理学原理》里。如果罪有应得不再被视为对的，那么“正义”和“惩罚”的概念就需要重新阐释。

“正义”，在法律上可能意味着“赏罚分明”。可是，当人们不再提倡为了报复性惩罚而惩罚时，这只能意味着“实行赏善惩恶极有可能促进符合社会需要的行为的发生”。偶尔，可能某个原本应受惩罚的人会在获得无条件赦免后洗心革面，照此看来，赦免他是对的。或者，可能某人以符合社会利益的方式行事，为大家树立了榜样，可是当人们遇到明显类似的情形时，却不该照他的方式行事，因此惩罚他可能反而是恰当的。(比如纳尔逊[①]丢了右眼）简言之，对人施以奖惩应该依据其行

① 即霍雷肖·纳尔逊（1758—1805），英国著名海军将领、军事家。拿破仑战争期间，他多次率兵赢得对抗法国的关键海战，先后失去了右眼和右臂，在特拉法加战役中阵亡。在BBC“最伟大的100名英国人”调查中，他名列第九。——译注

为对社会的影响是否可取，而不是依据假定的某些绝对的善恶标准。一般说来，褒奖做出有利社会之举的人，惩罚做出危害社会之举的人，无疑是明智的。但我们也知道会有例外，现实中可能时不时地发生。如果“正确的”行为是促使欲望获得满足的行为，那么把“正义”作为信仰天堂和地狱之说的基础是站不住脚的。

“罪”的概念和对自由意志的信仰有着密切的关系，因为如果我们的行为是由我们无法控制的原因决定的，那么报复性惩罚就是没有道理的。我认为自由意志的伦理学重要性有时候被夸大了，但不可否认，这个问题与“罪”有关，因此必须加以说明。

“自由意志”应这样理解，即这种意志力并不总是或并不一定是以前多种原因的结果。可是“原因”一词的含义不似人们所希望的那般清晰，厘清其语义的第一步是用“因果规律”替代“原因”。如果有某种规律，据此可以推断出是否有足够数量的已发事件是可知的，那么我们可以说某事的发生是由之前的事“决定”的。我们可以预见行星的运行，因为它们遵循的是万有引力定律。有时候同样可以预见人的行动：某某先生在遇到陌生人时，从不会忘记提及自己认识某位大人物。但一般说来，我们无法准确预测人们会做出什么事情，这可能只是因为没有充分了解相关的规律，也可能是因为找不到任何规律能一成不变地把一个人的行为与他过去和现在的境况联系在一起。后一种可能性，即自由意志的可能性，总被人们毫不犹豫地排除，除非他们是在思考自由意志这一问题。没人会说：不必惩罚窃贼，因为人们也许自此以后会喜欢上惩罚他人；没人会说：不必在邮件上注明姓名地址，因为拥有自由意志的邮差可能想把它送到别的什么地方；没人会说：不必付工资找人替你干活，因为人们可能更愿意饿死。如果到处都是自由意志，那么所有的社会组织都将不可能存在，因为它们无法影响人们的行为。

因此，作为一名哲学家，我认为普遍因果关系的原则有待进一步讨论；而作为一名具备常识的个人，我认为它是处理事务时一个不可或缺的先决条件。为了实用性的目的，我们必须假设我们的意志是有来由的，我们的伦理学必须符合这个假设。

褒贬、奖惩以及整个刑法机制，基于决定论来看都是合理的，而基于自由意志来看却不是。因为它们都是为了使人们能产生符合社会利益（或者人们所以为的社会利益）要求的意志而设计出来的机制。可是，“罪”的概念只有以自由意志为前提才是合理的，因为根据决定论，如果一个人做了社会希望他别去做的事情，那是因为社会没有提供充足理由让他不去这么做，或者可能社会根本没有能力提供充足理由。以精神错乱为例，我们都能从中看出后一种可能性：一个嗜杀成性的疯子，就算明知杀人会被处以绞刑也不肯放下屠刀，因此绞死他也没用。可是，当心智正常的人犯下谋杀罪的时候，通常抱有不被别人发现的侥幸心理，正因为此，当他们被发现时，对他们的惩罚是有价值的。杀人者被绳之以法，并不是因为它是种罪，罪人受苦是大快人心的，而是因为社会希望能阻止这一罪行，再则，对于惩罚的惧怕会使大多数人不敢犯罪。这和决定论的前提完全一致，却和自由意志的假设水火不容。

对此，我的结论是：自由意志对于除复仇伦理之外的任何理性伦理都不重要。复仇伦理证明地狱是存在的，有“罪”就应该受惩罚，无论惩罚能否带来实效。我还认为，“罪”，撇开能让实施者或者社会意识到一种不赞成情绪这一点，它就是个错误的概念：当我们认为一些人有罪时就精心设计，让他们受到毫无必要的残忍对待和报复；而当我们谴责的罪犯就是我们自己时，就以此进行病态的自我贬损。

但是千万不要以为，我们在否定“罪”这个概念的同时，是在主张正确行为和错误行为之间毫无区别。对于“正确的”行为，赞扬是会起作用的；对于“错误的”行为，指责是会起作用的。赞扬和指责一直有着强大的激励作用，往往能促使人们做出符合普遍利益之举。奖励与惩罚亦是如此。可是就惩罚而言，否定“罪”造成了一种区别，这种区别具有一定的实际意义，因为根据我所提倡的观点，惩罚*本身*始终是邪恶的，只有其威慑作用或感化作用体现了它的存在价值。如果能让公众相信窃贼都得坐牢，而事实上他们在某个遥远的南部海岛上逍遥度日，那么这样做比惩罚好。唯一的反对理由是，这种事迟早必会泄露出去，到那时盗窃案就会大规模爆发。

应受惩罚的，肯定也应受指责。害怕受指责有着非常强大的威慑力，可是一般说来，当理应受到指责的行为已经实施，人们的指责只会徒增大家的烦恼，却不能对其道德产生什么影响。受指责的人很可能会变得闷闷不乐，并大胆对抗，对社会的善意看法感到绝望，不经意之中接受了以实玛利[①]式的处境。当一群人而不是一个人受到指责时，出现这种结果的可能性尤其大。第一次世界大战之后，战胜国告诉德国人这场战争错在德国，甚至强迫他们签署文件承认承担全部罪责。第二次世界大战之后，蒙哥马利元帅发布公告，要德国父母向他们的孩子解释：英国士兵不能对他们笑是因为他们的父母是坏蛋。上述两种情形中所用的心理策略和政治策略都很糟糕，某种程度上，信仰“罪”之说鼓励了这种策略。我们都是我们所处的环境造就的，如果这一点不能让我们的邻居感到满意，那得靠他们想办法改造我们。在极少数情况下，道德上的非难是实现这个目标的最佳途径。

① 《创世记》中的人物。亚伯拉罕的妻子撒拉不孕，遂将女仆夏甲送给亚伯拉罕为妾，生下以实玛利，在撒拉为亚伯拉罕生下嫡子之后，他被赶走，后成为阿拉伯民族的祖先。以实玛利后成为“被社会或家庭抛弃的人”的代名词。——译注

八　伦理学争议

本章中，我想探讨的问题是：当两个个人或两个集体对于什么是可取的意见不一时，有没有什么办法可以证明其中一方是对的？如果有，是什么办法？为了避免使双方的立场过于对立，让我们以某个久远的话题为例，比如奴隶制。在很长一段时间里，奴隶制是被人们欣然接受的；接下来，对奴隶制的争议持续了大概一百年；再后来，人们认定没有奴隶制的世界会更好。假如我们出现在了奴隶制存在争议的那个年代，我们应作何决定，伦理学对此有什么要说的吗？

一个现实的政治议题可能涉及三种争论。第一种，争论焦点可能完全是手段，对目的倒没有意见分歧。第二种，一方可能认为某类行为天生就是邪恶的，与行为的结果无关；而另一方不承认天生邪恶这种说法。第三种，人的行为应该以何为目的可能是真正的分歧所在。在实际发生的大多数政治争论中，这三种分歧的理由会同时存在，但在一场理论讨论中，把它们区别开来非常重要。

政治分歧往往与手段有关，并且表面上来看更是如此。一般说来，对金本位制赞成与否，是基于对不同货币体系的优劣的真实评估，在此，这些不同货币体系被视为手段。可是，当我们谈及诸如每周 40 个小时工作制这类问题时，就会发现，人们对手段的看法取决于他们的目的何在。雇主会说，削减工作时长会使产量大幅降低；而同情劳工的统计学家坚持认为，提高生产率可以阻止产量下滑。显然，每天工作一定时长必会使单日产量达到最大值，而这个时长必须大于 0 小时、小于 24 小时（因为人是必须吃饭睡觉的）。在资本主义全盛期，雇主认为每天工作 16 个小时很合理，但这个数字显然估计得过高。如果劳工能变得像 19 世纪早期的资本那样神通广大，那么人们很可能会同样自信满满地提出一个过低的数字。这说明了一个道理：关于事实的争议往往是由于那些假装要弄清事实的人缺乏公正。而这种情况之所以发生，是因为一方或者双方有无法宣之于口的目的，既然公众已经定了目标，争议双方都必须声称自己是在帮公众实现它。公众被专家们的唇枪舌剑、你来我往弄得一头雾水，在他们看来，这种争论实际上围绕的是手段而不是目的。

围绕手段的争论不会引出伦理学问题，但它会依据科学方法分出胜负（如果可以彻底解决的话）。在奴隶制问题存在争议的年代，反对者认为它是一种浪费性的生产方式，拥护者则否定这一点。事实上，就算它被证明不是浪费性的，铁杆反对者也不会转而拥护它；就算它被证明是浪费性的，铁杆拥护者也不会转而反对它。双方的争论都是针对还没拿定主意的公众，这些人希望棉制品价格低廉，但对南方种植园的农奴或者兰开夏郡工厂的童工并不关心。而对那些认为奴隶制的存在是既定事实的人而言，奴隶制和童工并不是伦理学的问题。

一旦意识到关于手段的争论与伦理学无涉，就等于清除了伦理学领域里很大一块人们有意见分歧的实际问题。

现在，我们来谈谈前述争论的第二种，即一方认为某类行为天生邪恶，无论其后果如何，另一方不同意这个观点。根据这个说法，奴隶制可能受到道义的谴责，谴责者要么信仰人权说，要么同意康德的观点，即认为每个人的行为都应该以自身为目的。这个问题在一些流行某种确定禁忌的地方会更加明显。印度教徒认为不可杀牛，即便一头牛正处于巨大的痛苦之中。英国人道主义者则认为在这种情况下，让这头牛继续活着更残忍。安条克四世认为他的全体臣民都应该希腊化、放弃家乡习俗才对，而犹太人——或者至少是那些更英勇的犹太人——宁死也不肯吃猪肉或者放弃割礼。宾夕法尼亚州的阿米什人[1]对开关按钮抱有一种道德厌恶，他们宁愿囿于自己的宗教信仰，也不肯把孩子送进公立学校。

在这种情况里，辩论有什么用呢？我不认为它会对任何东西产生直接影响，因为我们没有办法证明开关按钮并不邪恶。可是，倘若有虚心的态度和进行大规模调查所需的时间，就会出现一种观点，尽管逻辑上没有强大的说服力，但能对坦率的调查者颇有影响。我想到的是我在前几章里试图用来证明一些东西的观点，即伦理学的基本概念是好坏而非对错，“对的”行为是那些算准要产生好效果的行为，“错的”行为是那些算准要产生恶果的行为。如果你让一名阿米什人接受了漫长的人类学和历史学课程学习，然后他认可了这一点，接下来你可以问他：“开关按钮到底有什么害处呢？”如果他可以向你展示它们的害处，那么你就不得不接受他的观点；不然的话，他将不得不接受你的看法。

然而，要立即判断对错就得附加一个条件。尽管一个行为本身毫无恶意，但是当它让人产生真切的恐惧感时，如果人们还得眼睁睁地看着，那大家心里是不会好过的。如果你的一位客人认为星期天打牌是邪恶的，而在场的其他人没有这样的忌讳，那么如果你无视他的感受执意为之，你就有不厚道之嫌。

---

① 美国宾夕法尼亚州和加拿大安大略省的一群基督新教再洗礼派门诺会信徒，以生活简朴、拒绝使用汽车和电力等现代设施而闻名。——译注

长此以往，人们以为的对错就可能真的变成客观的对错（正如上述例子）。这并不是说人们的想法是真实的，只不过是说它激起了欲望和反感，而人们正是依据这两点来决定就满足欲望而言什么是好的。实际上，人们对某些特定行为的赞赏或惧怕如果持续存在，往往会在他们决定某些行为是对是错时成为一个极其重要的依据。

那些极难从理性角度来裁决伦理争议的事例，在目的上都存在着真正的差异。这类情况乍一看好像频繁发生，其实不然。在19世纪中期以前，俄国贵族并不把农奴当人看，这倒不是因为他们眼里的善与反对农奴制者认为的大不相同，而是因为他们相信农奴并不具备和主人一样的情感。在《猎人笔记》中，屠格涅夫凭借他的生花妙笔，以富于同情的笔触刻画了农奴的喜怒哀乐，像卢梭那样，在思想开明的地主心中激起了同情心。同样，《汤姆叔叔的小屋》也为反抗美国的奴隶制做出了贡献。在这两个国家里，一旦人们不再否认受压迫者和压迫者一样都具有喜怒哀乐的能力，就等于废除了压迫制度。因此，这种制度的拥护者和反对者之间的争议其实并非彼此的目的，而是关于一个事实——人类都是有情感的。

除了对奴隶是否懂感情存在争议外，还有两条理由在为奴隶制辩护：（1）奴隶制是人类文明的必经之路；（2）奴隶不算人，也就是说，他们只不过是种手段，在他们身上发生的事无所谓善恶。在这两条理由当中，只有第二条与我们讨论的目的有关。第一条在一定程度上讲不无道理，过去更是这么看的。古埃及和巴比伦的教士因为役使奴隶而有了闲暇时间，从而发展出了写作，还有数学和天文学的雏形。那时候，一个男人的劳动成果在养家糊口之余所剩无几，如果没有特权阶级和被奴役的苦力阶级，他就不会有任何闲暇时间。柏拉图的对话录里的年轻人表现出了对哲学的挚爱，而这有赖于经济上的保障和一屋子可以役使的奴隶。墨尔本勋爵①在荷兰庄园②的谈话，经格雷维尔③之手记录了下来，就文化的广度而言它仍然很有吸引力；并且他还以一个有教养者的坚忍纵容妻子宣扬自己与拜伦的恋情。可就是这么个人，他那引以为荣的收入竟是煤矿里的童工为他创造的。因此我们必须承认，过去，奴隶制和社会不公在人类文明进程中确实起到了一定作用。由于我不想引起政治争议，所以我不打算探讨这种情况是否一直延续至今。

上面提到的为奴隶制辩护的第二条理由，即奴隶仅仅是种手段，引发了一些话题，从伦理学角度讲，比我们迄今探讨过的都要重要。就其本质而言，无异于我们在第五章探讨过的个别的利益和普遍的利益。当一个人声称自己只关心某

① 1779—1848，英国辉格党政治家，曾任内阁大臣、首相。——译注

② 19 世纪辉格党著名的聚会场所。——译注

③ 1794—1865，英国日记作家。他的日记记录了乔治四世和威廉四世统治时期（1820—1837）的人事，引起了公众的极大兴趣。——译注

个集团的利益，甚而只关心自己的利益，他是基于何种思考做出了这样的决定？利己主义者、民族主义者、只在乎自己所在阶级或者自己信念的追随者的人，其同情心都很有限。要怎样才能让他们放弃自己的偏执，如果理论无能为力，那实践呢？

显然，我们在此遇到了如何平衡个人利益和公共利益这一古老的问题。我们都知道，人人都想寻求自身欲望的满足，因此，一个人只有在满足自身欲望之举能导致普遍利益的满足时，才会以促进这种结果的方式行事。之所以可能出现这样的结果，是因为他渴望实现普遍的利益，也可能因为根据当时的社会制度，他的个人利益要想获得最大的满足，必须通过有利于公众的行为来实现。我不相信个人利益和公共利益可以完全兼顾，皆大欢喜；在不可能兼顾的地方，我担心伦理学观点也是无能为力的。不过，我认为，两者之间顾此失彼的情况并没有人们通常以为的那么普遍。

让我们再次以奴隶制为例。在一个奴隶众多的社会里，人们始终担心奴隶暴动，这样的暴动一旦发生会非常可怕。恐惧使奴隶主变得残忍，对他们当中的很多人来说，残忍的行径是令人反感的。同情受苦者，尤其是肉体上的苦，从某种程度上讲是一种天性的反应：儿童在听到自己兄弟姐妹的哭泣声时，也会跟着哭起来。奴隶主必须抑制这种天性的反应，一旦抑制住了，它就很容易转向其反面，生出一种为残忍而残忍的冲动。但是这种残忍的冲动并非一种单一的情绪，满足它也不会带来内心的满足。人们越是沉溺于这种冲动，内心的恐惧就越强烈。生活在其中的人，内心不可能平和宁静。那些接受了当下被默许的社会不公，并以实际行动拥护它的人，可能看不起圣贤们祥和的心境，但他们的轻视乃是出于无知。我毫不怀疑，很多弃绝尘世、安贫乐道的基督教圣徒拥有的喜乐，要比他们当初坐拥自己财产时感受到的还要多。当然，苏格拉底直到临终一刻都是快乐的。

让我们再举一例，这个例子（我说的是民族主义）与奴隶制相比，更贴近时事。当今世界（1946 年）充斥着各种怒气冲冲、疑心重重的集团：犹太人和阿拉伯人，印度教徒和穆斯林，南斯拉夫人和意大利人，俄国人和英美人，更别提遭了灭顶之灾的德国人和日本人了。这些集团中的每一个都相信己方的利益和敌方的利益水火不容，在追求己方认定的自身利益时毫无道德上的顾忌，也不管敌方将付出多大的代价。所有政治家都意识到，如果这种处事态度持续下去，必将引爆又一次世界大战，原子弹一上场，交战各方将玉石俱焚。犹太复国主义者将被消灭，他们在应许之地的种种建设也会被毁灭；阿拉伯人只会有很小一部分人在沙漠里幸存下来。印度教徒和穆斯林都会亲眼看到自己的圣城被夷为平地，战争和饥荒会使人口锐减，只有一小部分人能侥幸存活，沃土将沦为一片蛮荒。如果各方现在不能就的里雅斯特[1]的问题达成一致，那么这座城市将会和其他城市一样不复存在。如果俄国与西方民主国家不能和平地调和彼此的分歧，那么共产主义也好，民主资本主义也好，谁都将难以为继，获利的只有无政府状态下四处扫荡的匪帮。而这是争执不休的各个集团都不希望看到的。但是，如果他们看不到各个集团的真正利益在多大程度上和普遍利益有着密切关系，而是执迷于不切实际的个人荣辱或者某种特定的胜利，这种情况最终将无法避免。

上述讨论说明了一个事实：在政治争端中，很少有必要诉诸伦理学，因为自我利益的觉醒通常会提供一个充分的动机，让个体的行为与普遍利益相一致。尽管诉诸自身利益一般来说是（并不总是）合理的，但往往远不如诉诸利他的动机有效。一方面，仇恨、嫉妒和蔑视让人们对自身利益视而不见；另一方面，同情和怜悯促使人们做出对他人有利的行为，即便已预料到自己无利可图。如果自己的小算盘打对了的话，慷慨大方的姿态比处心积虑的自私自利更有利；但只要人心是冷酷的，他们就可能一直忽视这样的事实：合作通常比对抗更能让双方获益。

当一个人的全部欲望和另一个人的全部欲望确实存在真正

① 意大利东北部港口城市，拉丁、斯拉夫和德国文化的交汇地，二战后成为东西方两大阵营争斗的热点。——译注

的冲突时（当然，这两者的欲望都是可能实现的），这个人可能A更喜欢，而另一个人可能B更喜欢，我们不太可能把我们的选择范围仅仅限定在这两个人之间，然后仅仅为了支持一个人而反对另一个人的观点。不过，这么说还有更深层的含义，因为A和B都必须考虑他人的欲望。如果A想偷B的钱，但不想被谴责和惩罚，那么后者很可能会让他打消偷窃的念头。每个个人都可能因偷窃而获利，前提是他是唯一的窃贼；而当人们戒绝偷窃时，所有人都能从中获利。这其中存在着一种普遍利益，如果它不能被人们意识到的话，它就会与人们的个人利益相对立。司法机关和政府机构试图把普遍利益灌输给个人，社会舆论的扬抑也是这个目的。其结果是，在警察能恪尽职守的地方，绝大多数人发现遵纪守法是有益的。然而主权国家之间的关系，既没有法律，也没有政府去监管。反对一国为谋求自身利益而置其他国家的死活于不顾，即便是个正当合理的观点，却没有通俗易懂到足以为政治家或者大多数人所理解的地步。

一个人如何看待自己的幸福，取决于这个人的热情，而这些热情又取决于他所受的教育和所处的社会环境，以及他的先天禀赋。显然，年轻人可能会去关注那些既符合他自己的利益，又符合他人利益的东西；也可能会去关注他自己的利益和他人的利益不能两全的东西。目前，世界上大部分地区的学校都在教育学生要与本国同胞合作，而与其他国家的人竞争；这种做法正在把我们这个时代引向一个灾难性结局，并且很可能使大多数现在正在就读的孩子活不到中年。换种做法并不会更困难，即教育大家忠于人类，并在这种思想的基础上建立一个被国际社会认可的国家，由此，人类所能获得的幸福与安康将远甚迄今已经获得的。但是，没有哪个超级大国愿意接受这样一种自毁长城的方式，虽说大家都知道继续现行政策终将导致全球毁灭。

在本章的结尾，我要总结一下，上述论点驳斥了一个说法，即只有一部分人会被视为最终目的，而其余的人仅仅是服务于此的工具。此说颇似尼采的观点。首先，一旦划定了被视为目的的那部分人，所有不在其中的人都不会接受这个理论。比如，不可能寄希望于非白人会承认这个世界完全是为了白人的利益而存在的。只要还有白人至上的迹象，有色人种就会鼓吹人权，宣称人人平等。可是，如果一些有色人种自认可以获得成功，就像“珍珠港事件”后日本人相信自己能赢得战争一样，他们就会拜在尼采门下，只不过把“黄种人”换成了“白种人”——就逻辑而言，这种改变一点也不重要。接下来，等他们被打败，又会有人代表棕色人种或者黑人上演同样的事。我曾经遇到过一位墨西哥人，这位马克思主义者极力主张马克思的主要观点就是红种人至上，因为墨西哥的红种人没有一个是资本主义者。显然，这种部分人类至上的教义只会导致无尽的争战，而居统治地位的集团将会呈周期性变化。每个阶段都必然会有压迫和暴行，以维持片刻的“世界霸主”的无上地位。而对暴动的恐惧、对警察暴行的恐惧将无时不在，无处不在，大部分人都在满怀愤慨，痛苦不堪。统治者也不会快乐，因为他们害怕有人行刺或造反。居统治地位的人种将不得不关闭心门，变得冷酷无情；并且闭目塞听，拒绝接受事实和真相。最终，他们会在血腥的暴乱中走向灭亡。任何睁着眼睛的人都不会选择这样一种生活。所以，尼采的理论只能停留在头脑里，一旦付诸实践将是一场噩梦。

九　伦理学知识存在吗？

现在，终于要面对我们之前的一切伦理学讨论所指向的问题了。这个问题可以用枯燥的技术性语言表述，也可以通过与情感的重要性有很大关联的议题来表述。让我们从后者开始。

如果我们说“残忍是错的”，或者“爱邻人如爱自己”，那么我们是在陈述某种不带个人感情色彩的真理或者谬误，还是仅仅在表述我们自己偏好的观点呢？如果我们说“愉快即善，痛苦即恶”，那么这是在随口说说，还是在表达一种情绪，这种情绪换一种句型表达是否会更正确，比如“珍爱快乐，远离沉闷”？当人们就某个政治议题展开争论或者直接诉诸战争一决对错时，是否其中一方的观点果真比另一方的更有道理，还是说这一切不过是场军事实力的较量？说一个人人幸福的世界比一个人人不幸的世界美好，如果确有所指的话，那么究竟是想表达什么？就说我吧，我发现这是我所不能容忍的——当我说“残忍是恶”的时候，我只不过是在表达“我不喜欢残忍”或者某种同样主观的说法。而我想要探讨的是，伦理学中到底存不存在非主观的东西。

同样的问题用更技术性的语言来表述就是：当我们考察什么可以算作伦理学表述的时候，我们发现，它们因为使用了“应当”（ought）和“好”（good）这两个词或者其中一个（或者它们的同义词），而有别于决断性事实的陈述。这两个词或者它们的同类词，是不是伦理学的基本词汇之一？又或者，这些词应根据具体的欲望、情绪和感情来界定？如果是，该以使用这些词的人的欲望、情绪和感情为依据，还是以大众普遍的欲望、情绪和感情为依据呢？像“我”“这里”“现在”之类的词，其含义因使用者或者因他们使用的场合而异，这些词我称为“随行就市”。我们要探讨的问题是：伦理学术语是不是随行就市、变动不居的？

在讨论上述问题时，我会简要重复在前面几章里出现过的论点，不过这一次我们必须得出结论，而不是像先前那样点到为止。

可能存在这样一种理论，它认为“应当”是无法界定的，并且我们通过伦理直觉得知了一个或多个提议，即哪些行为我们应该实施，哪些行为不应实施。这个理论难以从逻辑上反驳，我也不准备坚决抵制它。但它有一个严重漏洞，就是世人对于何种行为是应当实施的并没有达成一致，而且这个理论也没有提供任何手段来判定出现意见分歧时究竟谁才是对的。就这样，在实践中（而不仅仅是在理论上），它变成了一种“随行就市”的原则。如果A说“你应当这么做”，而B说“不，你应当那么做”，那么你只知道这是他们的看法，却无法知道如果两者之中有一方是对的，那么究竟谁对。要想避免这样的结果，你只能教条式地表示：“一旦有人为应当做什么争执不下，那么只有我的看法是对的，所有和我的观点不一致的人都是错的。”可是，那些与我意见不一的人也可以发出类似声明，于是伦理学争议演变成不过是背道而驰的教条之间的冲突。考虑到这些情况的存在，我们放弃了把“应当”作为伦理学基本术语的念头。再来看看，我们能否通过“好”这个概念让情况有所改观。

如果某样东西本身有价值，那么无论它能否产生效用，我们都会说它是“好的”。既然“好”的含义模糊，或许用“内在价值”一词来替代它会更好。因此，我们现在要考察的理论是这样的：有一种难以确切定义的、我们称为“内在价值”的东西，通过伦理直觉（不同于论述“应当”一词时所谈到的伦理直觉）我们知道某类事物具备内在价值。这个词的反义词，我们称之为“反面价值”。适用于这个理论的一种伦理直觉可能会是“愉快有内在价值，痛苦有内在的反面价值”。现在，我们可以根据内在价值来界定“应当”，即一个行为如果在所有可能实施的行为中是最具有内在价值的，那它就“应当”被付诸实施。对于这个定义，我们必须附加一条原则，即“一个最具有内在价值的行为，其内在价值必然超过内在反面价值，并且两者之差为最大值；或者说，内在反面价值超过内在价值的部分达到最小值”。当一个内在价值和一个内在反面价值的差为零时，两者将被等而视之。

这个理论就像先前的那些理论一样，是无法从逻辑上驳倒的。比起把“应当”作为基本原则的理论，其优势在于：人们在“什么东西具有内在价值”这个问题上的分歧，要比“应当做什么”这个问题上的分歧少得多。当我们考察人们对于应当做什么的分歧时，通常——尽管可能并不总是——会发现这些分歧是由行为的后果衍生而来的。一个野蛮人可能相信触犯禁忌者必死，一些严守星期天为安息日的人相信在这天工作会导致吃败仗。这些想法表明，道德规范其实是基于对后果的估计，即使是在这些后果看起来过于绝对时。如果我们根据一个行为的后果来判断它是否道德，那么我们似乎是在促使人们采纳上一段的末尾给出的“应当”的定义。因此，我们此处的理论确实要比使“应当”无法被界定的理论有所进步。

不过，反对意见亦不绝于耳，有些和已有的类似，有些则是新的。尽管人们赞同内在价值说超过了赞同该做什么不该做什么这样的行为规范，但对于内在价值仍然存在严重分歧，报复性惩罚就是其中之一。对行为具有内在反面价值的人的伤害，这样的举动是否具有内在价值？相信地狱之说的人必然会给出肯定的回答，相信刑法的目的不仅在于威慑和感化的人也必然如此。一些严苛的道德家始终认为快乐没有内在价值，可是我认为他们这么说并不太真诚，因为他们在说这些话的同时又强调有德行的人会在天堂享福。报复性惩罚的问题就更严重了，因为正如人们对于道德规范的意见分歧，这个事情没办法进行争论：如果你认为它是好的，而我认为它是坏的，那么我们两个谁也给不出任何理由支持自己的观点。

此外，还有一种考虑（尽管不是定论）对于“内在价值不可定义”这一观点持怀疑态度。当我们考察那些我们倾向于认为其具备内在价值的事物时，就会发现它们都是令人渴望或者喜爱的东西。很难相信，在一个缺乏感知力的宇宙中，任何事物都有价值。这说明“内在价值”可以根据欲望或者快乐或者把这两者合在一起来定义。

如果我们说“愉快即善，痛苦即恶”，那么这话除了表达“我们喜欢愉快、厌恶痛苦”之外是否还有别的意思？看起来我们的话必须别有他意，而且必定是我们想法的一部分。我们不能对每个令人渴望的事物都赋予内在价值，因为欲望和欲望可能是互相冲突的，比如在战争中，交战各方都渴望取胜。这个难题或许可以这样来破解，即认为只有思想才具备内在价值。在这种情况下，如果A和B在争夺某样东西，但这样东西只能归一人所有，那么我们会说不管谁得到，内在价值就在获胜者的喜悦里。这样，就不会出现以下情况了，即同一种东西在这两者之中一人看来具备内在价值，而另一人却认为具备内在反面价值。A可能承认B从胜利中获得的喜悦具备内在价值，也可能辩称如果有什么是能阻止B获胜的，那这个东西必定是B获胜会引发的后果。接下来，我们该探讨一下“内在价值”的定义了，它指的是“一个体验过这种心理状态的人对这种状态的渴望”，这种观点和“好东西令人快乐”大同小异。如果我们把上述定义中的“渴望”换成“喜爱”，这个定义中的“好”就会更接近“快乐”。

“好东西令人快乐”这样的表述在我看来不太对，但我认为伦理学的难点多半在于，无论是采纳这样的表述还是在我看来更准确的表述，情形都一样。因此，为了简化问题，我会暂时借用享乐主义者对“好”的定义来进行假设。至于这个定义如何能与我们的伦理感受和信念产生联系，还有待考察。

在《伦理学方法》一书中，亨利·西季威克充分论证了一点，即所有被普遍认可的道德规范都可以从“我们应当以最大程度地获得快乐为目标”这一原则中推导出来；他甚至认为，这个原则偶尔会有例外，而这是道德规范允许发生的。有些情况下，大多数人会说撒谎、不守承诺、偷窃或者杀人是对的；这些都是享乐主义者的说法。就文明社会的道德规范而言，我认为西季威克的论点大体上是正确的；不管怎么说，看在它受到这些限制的份上，我不准备反驳它。

根据这种理论，我们该如何看待赞扬和指责呢？经过深思熟虑的指责既是一种情绪，也是一种判断：我觉得我不喜欢我指责的这个行为，我断定我对它的不喜欢是对的。这种情绪是个事实，不会引发任何理论思考，而做出判断比这要难。当我判断一个行为正确的时候，我的意思当然不是说它是经过精心策划的，以获得最大程度的快乐为目的，因为如果我是这个意思的话，那么质疑享乐主义在逻辑上是行不通的，而它并不是享乐主义。也许这么说算不上作判断，只是一种情绪，即对我喜欢的或不喜欢的照实表达。根据这种观点，当我经过深思熟虑而非一时冲动地指责某个行为时，是因为我不喜欢这个行为，并感受到了自己这种不喜欢的情绪。

在伦理学上和我意见不一的人可能不赞成我所赞成的东西，他会以某种看起来像是在下判断的话表达他的感受，说“你不应当指责那个行为”或者诸如此类的话。然而，根据此处说到的理论，他仍然是在表达一种情绪，无论是他还是我都没有下任何断言，因而我们的冲突只发生在现实中，而不是在理论上。

要是给“对的”下定义，那情况就不一样了，我们可以下判断说“这是对的”。如果我们下的定义没有什么自相矛盾的结果，那么我们对“对的”所下的定义通常必须是这样的：当一个行为可以根据我们的定义判为对的，我们会对它产生赞成的情绪；而判为错的，我们会对它产生不赞成的情绪。因此，我们会在获得最大程度的普遍赞成（或不赞成）的行为里寻求某种共性。如果全都拥有这样一种共性，我们可以毫不犹豫地把这个界定为“对的”。但是，我们并没有发现像这样方便的东西。我们发现的是，引起人们赞成情绪的大多数行为都具有某种特定的共性；而那些不具备这种共性的例外行为，当人们清楚地意识到它们的例外性时，往往不会再赞成它们。因此，我们可以说，在一定意义上讲，赞成这类行为就是错的。

现在，我们可以来设定伦理学的一系列基本命题和定义了。

(1) 通过研究那些能激起赞成或者不赞成情绪的行为，我们发现，一般说来，人们赞成某些行为，是因为经过权衡之后人们相信它们可能产生某些特定效果；而不赞成某些行为，也是因为他们相信会产生相反的效果。

(2) 导致人们赞成的效果可以被定义为“好的”，导致人们不赞成的则可被定义为“坏的”。

(3) 根据现有证据，在同一情况下，某个行为的效果可能好于其他所有行为的效果，那么这个行为可以被定义为“对的”；其他行为可以被定义为“错的”。按照定义，我们“应当”做的就是对的。

(4) 对一个正确行为感到赞成，对一个错误行为感到不赞成，这是对的。

如果人们接受这些定义和命题，那它们将提供一个条理分明的伦理学命题体系，在某种意义上，它们的正确（或者谬误）如科学命题一般。

显然，困难主要在于这个系列的第一个命题。因此，我们必须更进一步地加以考察。

在前面几章我们已经看到，不同年代里不同的社会形态所赞成的行为大相径庭。原始社会的某个时期，食人和人祭是习以为常的。斯巴达人能接受同性恋，犹太人和基督徒却对此深恶痛绝。直到17世纪末，几乎人人都赞成烧死所谓的女巫，而在今天看来这是毫无意义的残忍之举。这些差异源于人们对行为效果的不同看法。原始人相信，人祭有提高生育能力之效。斯巴达人认为，同性恋能在战场上鼓舞士气。如果我们像中世纪的人一样相信女巫会作法害人，可能也会赞成处决她们。在这些方面，我们和其他时代的人之间的区别可以归结为我们与他们对行为效果的看法存在差异。在他们看来，他们所指责的行为会产生某些效果，并且认为这类效果如果可能的话应尽量避免，在这一点上，我们同意他们的看法。

由此我们得出结论，对于我们应该力图达到何种效果这个问题，人类更容易达成一致；至于何种类型的行为应获赞成，人类就不那么一致了。我认为亨利·西季威克的主张——获得赞成的行为都是一些可能会带来幸福或者快乐的行为——大体说来是正确的。这种情况并不少见：过去的人以为一触犯就会大祸降临的古老禁忌，会通过习俗和传统的力量保存下来，即便是在造就它的信仰已经被人们遗忘了很久之后。但是，这类禁忌的存在很不稳定，很容易被人们抛弃，这些人会通过旅行或者学习不期然地发现有别于自己成长环境的习俗。

可是，我并不认为在绝大多数获得赞同的行为所共有的特质中，和我们关系最近的是快乐。我认为，我们还必须具有智力和审美感知力这类东西。就算真有人说服我们相信了猪比人过得幸福，我们也不能就此去找女妖瑟茜①帮忙。如果真出现奇迹，我们可以选择自己向往的生活，那么大部分人都更愿意选择这种：我们可以（至少有时候可以）在其中享受艺术和智力的微妙乐趣，但不必到处都是妖艳女子、美酒和热水浴——毫无疑问，由于害怕饱足生厌，我们希望这三样是生活的一部分而不是全部。实际上，我们对快乐的重视程度和快乐本身的强烈程度并不成正比；对我们而言，某些快乐天生就比其他快乐更重要。

如果我们承认，绝大部分受到人们赞成的行为都是他们相信会产生某种效果的行为；如果稍后我们发现，那些例外的行为在还不具备例外性的时候，会受到人们的赞成，一旦人们意识到它们的例外性，往往就不再会赞成它们，那么在一定意义上，谈论伦理学的谬误就变得可能。我们可能会说赞成这类例

① 希腊神话中的女巫神。在《奥德赛》的故事里，她把奥德修斯的船员全都变成了猪仔。——译注

外的行为是“错的”，意思是这样的赞成无法产生像绝大部分受到赞成的行为那样的效果，后者我们已经同意以此作为标准衡量什么是“对的”。

尽管根据上述理论，伦理学包含的陈述有真有假，并不仅仅是祈愿的或者祈使的，其基础仍然是某种情绪和感情，赞成的情绪以及某种享受或满足感，前者与“对”和“错”的定义有关，后者与“内在价值”的定义有关。要让人们接受我们的伦理学理论，我们靠的并不是诉诸知觉的各种事实，而是诉诸各种情绪和感情，它们造就了“对”与“错”、“好”与“坏”的概念。

十　伦理学的权威

人们常常以形形色色的理由来反对我们发展出来的伦理学体系。其中之一就是认为我们的伦理学格言缺乏权威，因为它似乎除了前面几章提到的基础之外别无其他基础。我会在本章里探讨这种观点。首先来思考一下，"权威"究竟是什么意思。我们不仅有人的权威，从正统信仰的角度讲还有神的权威，有真理的权威，也有良知的权威。在正统道德观里，这些会交织在一起。"为什么我应当做某某事?""因为这是上帝的旨意——因为这是社会所赞成的——因为你应当这么做是一条永恒的真理——因为你的良知（如果你愿意的话，那就倾听它）告诉你这是你应当做的。"人们希望，在面对这一连串伦理学说法时你的肉体欲望会羞愧地退缩。人们认为，比起由更为世俗的想法所主宰的社会，一个上述四重权威全部受到承认的社会更易于做它应当做的事情。这一点如此明显，以至于不必通过任何统计来检验。而我认为，如果检验的话，结果可能会令人大吃一惊。让我们来比较一下两个社会，比如13世纪的意大利和当代英国。在13世纪的意大利，几乎人人相信强奸者只要事后进行应有的忏悔就不会下地狱。在当代英国，几乎没人相信这个。可是，如果人们相信萨林贝内[①]写的东西，那么13世纪的意大利僧侣强奸成瘾的程度会超过当代任何一个英国人（除了少数臭名昭著的罪犯外）。我想，纵观历史会使人疑窦丛生：有上述四重权威的地方，是否比思想更自由的地方更加遵守这类具有明显伦理价值的道德戒律？不过，这只是顺带说说，现在该去着手处理可能遇到的困难了。

我们可以围绕两个问题来明确我们的讨论：A．我为什么要做你说我应当做的事？B．发生伦理学意见分歧时，我们应当如何抉择？先说A吧。

首先，从宗教的角度回答，它的好处是简单。你应当做我说你应当做的事，因为这是神的旨意。没有被这个简单的回答说服的人，可能会用以下两种方式之一来回应。比如他会问："你怎么知道这是神的旨意？"或者问："凭什么我应当遵从神的旨意？"对于后者，可以简单地回答他："神无所不能，如果你

---

① 1221—约1290，意大利圣方济各会的修士。他撰写的《编年史》生动细致地描绘了13世纪意大利的世俗生活和宗教生活。——译注

不遵从他的旨意，他就会惩罚你。反之，如果你遵从他的旨意，你就可以进天堂。”这个回答预设了一种以自我为中心的享乐主义立场，即每个人都尽可能地为自己谋快乐。这一直是正统基督教的教义，尽管注重修辞的道德家试图用有教化作用的语言来包装它。这使得道德和审慎之间没有了区别，审慎可以被定义为“为了未来的大善而忍受眼前的小恶”。在此，要有德行与生活要量入为出，其理由完全相同。以伦理学的所有观点来看，这种学说和世俗的道德家的学说并无不同，唯一的区别出现在一个蛮横的事实问题上，即：假如我的做法是A，我就会在天堂里永远享福？假如我的做法是B，我就会永生永世在地狱里受折磨？这并不是一个伦理学问题，因此我不会对此做进一步讨论。

更有趣的一个问题是：“我怎么知道神的旨意是什么？”正统的伦理学作家总是强调他们的体系是客观的，而世俗的道德家的体系是主观的。我认为这么说毫无道理。如果这个学说遵循的是从不容置疑的事实中得出的一般被认为合理的论点，那这个学说就是客观的。必然有某种方法能凭借一些因素来吸引那些暂时还不赞成这个学说的人，最终使其承认它的合理性。科学之中往往存在争议，但总有公认的方法让人们得出结论。当人们对神的旨意有争议时，情况就不一样了。新教徒告诉我们（或者曾经告诉我们），在星期日工作有违神的旨意。可犹太人说，神反对的是在星期六工作。在这个问题上的分歧已经持续了19个世纪，我想没有什么方法可以终结这种分歧，除了希特勒的毒气室外。但在处理科学争议时，这么做通常不会被认为是合法的。犹太人和伊斯兰教徒向我们保证神是禁食猪肉的，而印度教徒说神禁食的是牛肉。这一分歧在过去数年里已经造成很多冲突。因此，很难说神的旨意能为客观的伦理学提供依据。

那么，人们为什么如此顽固地紧抱着它不放呢？传统是一个原因，当然还有其他原因。这给了人们他们可能缺乏的一种保证，一种确定性。“前进，基督的战士们，向着敌人前进”是一种振奋人心的劝勉。那些人一致相信，神的旨意吩咐他们做敌人没做的一些事，如果没有受这种信念激励，估计他们在与敌人作战时就不会有如此高涨的能量和热情，如此少的愧疚。在和我们军队的指挥官偶尔接触的过程中，我发现他们差不多全是虔诚的教徒；当我探究他们信仰的基础时，常常发现他们认为信仰基督教能对那些奉命投下氢弹的人起到鼓舞作用。此时此刻，我不会对这个话题进行探讨，因为它属于政治学而不是伦理学范畴。我只想说，我的伦理学并非源于超自然，因此没有什么能够让我完全相信：为大规模屠杀所做的准备值得获得全心全意的伦理学赞美。

一个冷静的研究者，比如我自己，如果急于确定神的旨意究竟是什么，就不会让自己仅仅听取周遭的意见，而是会把调查问卷发给全世界的宗教思想的领袖，既然这群人——而不是其中某个人——自称拥有必要的知识。我恐怕他们中的任何人都会发现很难找到一个人人同意的论点，最后他会被迫得出结论说在这条路上，无论如何，伦理学的客观性是不可能实现的。

这个说法有一个非神学的变体，本质上大同小异。其主旨是说我们都知道词语“应当”的意思，我们能感知到我们应当做什么，就像我们能感知到草是绿的一样。我们感知到这一点凭借的是被称为“良知”的东西。根据这个说法，“我应当做X”这一陈述是对还是错，就像我们说“草是绿的”是对的、“血是绿的”是错的一样。此处的权威不再是神的旨意，而是真理。我在前面一章中考察过这个说法，因而此处只简要谈谈。在良知如何规定人们的言行这个问题上存在意见分歧，它与人们对于神的旨意的意见分歧是同一类型，但这两者无法像科学领域的分歧那样通过公认的技术程序来解决。通常而言，统治者的决定是唯一公认的解决之道。在同一个社会或者国家中，法律条款和你的左邻右舍的赞成或反对意见都会得到一定数量的认可，但这并没有达到跨越界限或者渗透进不同文化的程度。因此，作为伦理学的基础，它并不比神的旨意更有优势。

在进一步论述之前，让我们再探讨一下我们的问题的性质。我们探究的是，当A对B说“你应当做X”时，“应当”一词可能具有哪些不同含义。这个问题的一部分与事实有关。如果A说“你应当遵从神的旨意”，那么就会引出一个事实问题：是否存在一个神；如果有，神的旨意又是什么。可是，世人皆知，这个问题与事实无关，也与逻辑无关。可能的答案有很多，但你要想从逻辑上提出异议是不可能的，尽管如此，却没有人认真考虑过这一点。你可能会说，“有德行的人就是试图带来尽可能多的痛苦的人”。如果你真这么说了，反驳你的可能就不是逻辑学家了。那么，是什么让我们听到这种说法后第一反应就是去否认呢？是事实，即人通常都不愿意受苦。再举个例子：假设你说“最大的恶就是不听神的话犯下原罪，我可以制造机器人，它们没有性器官，所以无法犯下原罪；我可以让这些机器人去做通常会受到人们赞扬的一切事情；我可以让它们读《圣经》；让它们滔滔不绝地布道。我还可以制造机器人充当教众，他们听机器人传教士动人的布道时会哭泣和捶胸”，所有这些眼下还是个美丽的梦，可我敢说它在接下来的一百年内可能会成真。但如果A对B说“你应当用机器人代替人，因为机器人不会犯罪”，那么几乎人人都会回答说，机器人世界因为缺乏感知能力，所以既不好也不坏，但它绝对比不上一个不能操弄机器人模拟把戏的普通的物质世界。这样的探讨会使问题变得很清楚：不管“应当”究竟何意，它都和感知能力及欲望相关。缺了这两者，既不会有好，也不会有坏；既没有美德，也没有罪孽。由此可以推断，如果我们对“应当”的定义不是随意的、自相矛盾的，那么它必须和感知能力及欲望有某种关联。这是我们的定义必须满足的一个先决条件。

另一个先决条件将引领我们深入问题的核心。如果伦理学是有客观性的，我们想找出“应当”的意涵，使得当A对B说“你应当做X”时与A是谁无关。这立刻排除了大量的道德规范。如果A是一个信奉神学正统的阿兹特克人，那么他下令实施的X行为可能是杀掉和吃掉一个活人。如果M国和N国正在交战，A是M国人，那么他赞美的X行为可能是屠杀N国人，并且越多越好；如果A是N国人，那么他要大家去屠杀的就是M国人。如果你是中世纪的天主教徒，你会认为打掉一名异教徒孕妇的胎儿是邪恶的，可是让这个孩子生出来并抚养它，直到他/她的年纪大到可以上火刑柱受死[①]却是种美德。如果你活在现代社会，可以自由思考，那么你不会赞同这种观点。既然如此，我们在给“应当”下定义时该如何实现客观性呢？

我们可以宽泛地认为，伦理学的全部主题都源自社会对个人造成的压力。人类并不太合群，而且并不总是能本能地感受到对自己族群的成员有益的欲望。人类的族群非常渴望个体行事能以族群的利益为上，于是发明了各种手段使个人利益与族群利益相一致，这些手段包括政府、法律、习俗和道德等。道德通过两种方式成为一种有效的力量：第一，周围的人和权威人士的赞扬和指责；第二，自我表扬和自我批评，即所谓的

① 中世纪时天主教迫害异教徒，常常处以火刑。——译注

"良知"。在政府、法律和道德这些力量的作用下，社会利益诉求被加诸个人。比如，谁都不应将满足社会利益的东西窃为己有，但是撇开上述力量的约束不谈，窃社会利益为己有符合我的个人利益，我可以这么做，但别人不行。只有暴君才会赋予自己这种特殊地位，一旦他们下台，没有人会同意他们继续如此。我想我们可以这么说，尽管确有暴君当政，但只要道德规范不是非理性的，那么它的目的就是让个人牢记社会利益为上，在个人利益和其族群利益之间形成一种认同；否则，族群利益将无法存在。

因此，作为回答我们的问题的第一步，我们可以说，如果A和B同属一个族群，当A对B说"你应当做X"的时候，意思是"X行为会有助于提高我们这个族群的利益"。这就确保了任何两个人，只要他们从相关方面来看属于B所在的族群，并且听清了事实，就会对这个问题给出同样的答案，但其他族群的人未必这么回答。由此，我们被引向了之前一章已经讨论过的局部利益和普遍利益的问题，并且通过本章的论证得出如下结论：要确保"应当"的意涵具有客观性，唯一的办法就是扩大我们的族群，直至包括全人类，甚而一切有感知能力的东西，后一种也许更好。这样，并且只有这样，我们才能确保A告诉B应当做某事并不取决于A是谁。正是这样的探讨导致我们采纳了如下定义：

当A对B说"你应当做X"的时候，我会把"应当"一词定义为，在B有可能实施的所有行为中，X最有可能会促进全人类甚而一切有感知能力的生命的利益。

尽管我们通过上述方法确保了我们定义的“应当”具备一定的客观性，但也不要忘了，在某种意义上，认可任何道德归根结底都是出于自我利益的考虑。人的行为，部分是因为条件反射，部分是因为习以为常，部分是出于欲望。当我打喷嚏或者打哈欠的时候，并不是因为相信这个行为会促进我的个人利益。当我做出某个纯粹的习惯性举动（比如穿衣服）的时候，我可能并没有十分清醒地意识到自己正在做什么，无论如何，我并非刻意做出这一连串而不是那一连串行为，除非我是在纠结该穿什么衣服。道德家所关注的是刻意的选择，而非仅仅是条件反射或者习惯性行为。现在，当我做出某个选择时，是我的欲望在起作用。其他人的欲望只有在影响到我的欲望时才有效果。这时，说我会按照自己的欲望行动，无异于同义反复。当道德家教导我们——他们太喜欢这么做了——应当为了更崇高的东西抵抗个人欲望的时候，这些话的真正含义却是：我们的个人欲望应当让位于其他欲望。道德家们希望看到后者获得至高无上的地位，这些欲望有两类：首先是希望取悦我们的朋友，或者权威人物，或者我们的后代（如果我们生活在意大利文艺复兴时期的话），并从这些人那里获得赞美。此外，还有一类欲望，它包括爱与同情，就是简单明了地希望他人过得好。这种欲望从一定程度上讲人人都有。如果谁没有在自己的孩子年幼时对他们有过这种愿望，那是不正常的。这两类欲望中的任何一个都想使我的利益和他人的利益达成一致。我的利益，在我看来是指所有我渴望获得的东西，因此，只要我渴望他人过得好，这就变成了我的利益的一部分。尽管我如何行事取决于我渴望获得什么，在这个意义上它是利己的，但就渴望实现的目标而言，却未必是以自我为中心的。

现在回到本章开头提到的第二个问题，即“对于伦理学中的分歧，我们该何去何从”。需要考虑的各种分歧有很多。在实践中发生的分歧，大部分可以简化为关于事实的分歧，因此本质上不是伦理学的分歧。当A先生和B先生意见不一时，可能论证出B先生拥护的体系带给A先生的满足，要多过A先生自己所在的体系带给他的满足。我听说（但我不确定历史上是否确有其事），是贵格会教徒率先在商店里采用固定价格的方式做生意的。据说，他们这么做是因为他们认为要价超过顾客愿意接受的价位是种欺骗行为。而固定价格这一举措大大方便了顾客，以至于贵格会教徒的店都发了财，其他人亦发现依葫芦画瓢是明智之举。对于那些实际利益和表面利益互相冲突的情况，这个例子颇具代表性，唯有那些能在自己的道德准则的约束下，不去做明知会让自己有利可图的事的人，其行事才能获得真正的自我利益。在这种情况下，更好地了解事实可以防止伦理学上的分歧。战场上的输家常常以为自己的结局符合某种伦理学原理，但如果他们事先预见到了这次失败，他们会认为无论他们的原则合理与否，都不会被这种方式支持。

不过，有些真正的纯粹的伦理学分歧，其最重要的价值在于和报复性惩罚有关。当我们恨一个人、视其为恶人时，很可能一想到他在受苦就心花怒放，我们可能很容易说服自己，这种受苦本身是件好事。这就是地狱之说的基础。人们假设地狱里的惩罚并不具备任何感化作用。相信报复性惩罚在世俗社会还有更多的表现形式。第一次世界大战结束时，德国战败，人们普遍认为他们应该受到惩罚，这不仅是为了使他们改过自新，或者震慑那些想步他们的后尘的人，还因为他们是罪有应得。无疑，这些念头催生了凡尔赛宫发生的荒唐事以及随后对德国的处理意见。我不知道如何证明报复性惩罚是件坏事，但我倒是可以提供两类观点：一个认为罪的概念整体上就是错的，我在前面一章里已经探讨过；另一个与审慎有关。凡尔赛条约及其后果导致了纳粹的出现以及第二次世界大战的爆发。我想人们可能会认为，在绝大多数情况下，报复性惩罚并没有产生人们所希望达到的效果，而是降低了欲望满足的总量，不但对受惩罚者是这样，对惩罚者亦是如此。不过，这是个大问题，会直接招来很多棘手的政治问题。因此，眼下我不打算再做进一步讨论。

在实践中发生的分歧，大多与事物是否具有内在价值无关，而是关于谁该享有它们。手头握有权力的人自然都想得到最大的一份，于是，这类分歧往往会演变成纯粹的权力竞赛。

理论上，这类问题可以根据我们通常的标准——能产生最大数量的内在价值的体系是最好的——来判定。即便双方都接受了这个标准，争议可能仍然存在，但那样的话就会演变成事实之争，至少在理论上这是经得起科学检验的。

在本章的结尾，我要把这一章的某些原则应用于两个常常令我烦恼的问题。第一个与残忍有关，第二个与个人对社会的权利有关。

当我不得不思考当今世界那些时有发生的、令我心惊胆战的残忍行径时，我发现自己不断被引向某种我无法从理性上证明其合理的伦理观。我发现自己在想："这些人是恶人，他们的所作所为从某种绝对意义上讲是恶行，但这种绝对意义并非出自我的理论。"不过，我相信这种念头并不能准确说明我的理论。让我们看看哪些东西是这个理论允许的。很显然，首先，残忍行径通常会降低人类的总体满足感，因此根据我们的定义，它不该被实施。进一步来说，不赞成这类行为的情绪往往会阻止其发生，因此根据我们的定义，这种情绪应当被感受到。可是，在这一点上我倡导的理论做出了某种有效的限制，而更绝对的那些理论却没有设限。这并不是说，因为A很残忍，所以B对A以牙还牙是对的；而是说，B试图阻止A继续实施残忍行径是对的。如果仁慈比惩罚更有效（这种情况是完全可能的），那么施以仁慈不失为上策。伯特博士（现在是西里尔爵士)[1] 在其关于少年犯的专著里，开门见山地讲到了一个犯了谋杀罪的7岁男孩。人们的宽大为怀，使他后来成为一个正派的公民。但是，这个办法不可能用于希特勒，我也不想暗示这对他同样有效，而对德国这个国家宽仁倒是可能的。我坚信，这样的探讨将表明，我们的伦理学认为，对残忍行径感到适度恐惧是情有可原的，而这种恐惧常常引发更残忍的行径却是没有道理的。

下面是我的最后一个问题，它关注的是个人对社会的权利。我们说过，伦理学是让人类变得比先天合群的一种尝试。可以说，道德规范所关注的种种压力和紧张应归因于人类不够合群。可是这话只说对了一半。正是因为人类不完全合群，所以人类社会才会产生那么多极其美好的事物。个人有自己的内在价值，其中最优秀者为人类的普遍利益所做的贡献，并不是应族群里其他人的要求而为，后者甚至还常常对此心生怨怼。因此，追求普遍利益的一个主要条件，就是允许个人拥有不会明显伤害他人的种种自由。正是这一点导致了自由与权威的长期冲突，并且阻止权威成为美德之源。

① 1883—1971，英国教育心理学家，1925年出版《少年犯》一书。——译注

十一　生产和分配

在这一章，我们会关注一些事物，在它们当中伦理学问题与经济学、政治学问题几乎难以区分。下文中，我要假定读者已经接受前一章得出的“内在价值”和“对的行为”的定义，即：

内在价值是一种心理状态的属性，人们在享受或者体验过之后渴望获得它。内在价值的对立面被称作“内在反面价值”。当一个有选择权的人对于究竟是两者都经历还是两者都不经历感到无所谓时，内在价值和内在反面价值将被等而视之。

对的行为是内在价值超过内在反面价值的部分达到最高值，或者内在反面价值超过内在价值的部分达到最小值的行为，最终选择就在这些可能实施的行为中。

此处界定的“对的行为”，与普遍意义上的道德行为或美德行为并不完全是一回事。它包括了道德行为，但范围要略大些。一般说来，我们不会因为一个人不暴饮暴食就说他有德，我们只会说，纯粹从利己的角度看，他是明智的；而美德行为，按照一般的理解，通常涉及某些并不以自我为中心的成分。实际上，存在两个不同的伦理学领域，一个关注内在价值的生产，另一个则关注分配。除了非理性时期，其他时期的道德主要关注的是分配。在前一章里我们得出结论，伦理学不关注“谁享受具备内在价值的东西”这个问题，仅仅关注如何才能生产更多的内在价值。然而，人的感情并不是这样的。我们想让自己和我们喜欢的人享受内在价值。我们或许可以把自己的感情延伸到所有的国人，但只有极少数人会把这种感情延伸到全人类。由此可以推断，人们天生渴望的内在价值其分配并不是公正无私的，因此根本不可能全都尽量扩大内在价值的总量。道德竭力和这种偏私心理做斗争，引导行动中的人们像重视自己的利益一样重视他人的利益。

人们对于分配的意见分歧，要比对于内在价值是由什么构成的意见分歧多得多。这是因为人们对内在价值很少有分歧，所以它很适合作为伦理学的基本概念，接下来就该努力赋予它具体内容了。

首先要注意的是，内在价值并不属于事物的外在客体，而仅仅是它们对心理的影响。它是某种可资讨论的精神状态，造成这些精神状态的事物本身并不具有内在价值。如果这些事物在人们身上产生了他们想要的结果，那么它们对于这些人是有价值的，对其他人却没有。比如牡蛎，对于喜欢它的人是有价值的，但对于不喜欢的人是没有价值的。然而，尽管不同的人对于什么东西让他们感到满足见解不一，但在很大程度上他们是意见一致的，特别是对于简单的物品。人人都需要能维持自己的生活和健康的条件，大多数人需要的是作为人的基本生存条件。有些苦行者尽管衣食不济、居无定所，但仍然很快乐或者自称很快乐，可是这样的人极少，从统计学角度讲可以忽略不计。要感到快乐，除了物质生活条件外，大多数人还需要一定数量的友好的人际交往、基本的安全感以及对某个族群的归属感。这些需求差不多人皆有之，放弃者少之又少，所以政治无法忽略太多。所有这些需求目前都分配得非常不均。当然还有“更高的”价值，比如欣赏艺术作品或者享受智力活动带来的愉悦，但这些不如更基本的需求那么至关重要。

在实现快乐的手段里存在着重要的区分。有些手段A在享受，却是从B那里拿走的；还有一些并不能为个人所占有。正如伊阿古所说：“谁若偷走我的名誉，/他固然不能因此致富，/我却委实要一贫如洗了。”[①] 名誉跟面包之类的东西不一样，贼偷了面包有用，窃去名誉却没用——伊阿古是这么说

① 出自莎士比亚作品《奥赛罗》第三幕第三场，伊阿古是剧中的反面人物。——译注

的，可是他只说对了一半。渴望被人仰慕的人通常满怀嫉妒之心，因为在这些人看来能被分配的仰慕其总量是一定的，给了一个人，另一个人就没了。同理，显赫的地位也是如此。如果你希望在某些方面超过你的同伴，你可以通过增加你的优点或者减少他们的优点来实现这个目标，可是人人都享有卓越的地位，在逻辑上是说不通的。某人拥有一匹德比赛马[①]的冠军马的兴奋感是有内在价值的，但这种感受无法普及他人。除非全体陷入了某种错觉，否则不可能人人都体会到拥有一匹德比赛马冠军马的快乐。由此，我们可以区分出内在价值的三类来源：第一类是可以归某人所有的物品，但又完全可以（至少在理论上）属于每个人。最司空见惯的例子就是食物。第二类东西不仅为个人所有，而且从逻辑上讲，无法普遍被其他人享有。这些物品源自某种优势，比如显赫的名声、权力、财富或者其他什么东西。理论上，我们都可以富有，但我们不可能全都是这世上最富有的人。因此，对于显赫地位的渴望，在逻辑上有一种无法避免的排他性。第三类东西的内在价值某人拥有之后，并不会减少他人同等享有它的可能性。比如健康，或者为赶上一个明媚宜人的日子感到愉悦，或者友谊、爱以及创造的乐趣。

---

① 英国每年 6 月的第一个星期三在萨里郡埃普瑟姆唐斯举行传统的 3 岁幼马比赛，赛程为 2.4 公里。始于 1780 年，因创办人斯坦利即第十二代德比伯爵而得名。现指任何类型的马赛，亦指同城的两支球队之间的交锋。——译注

道德家对于这三个分类的态度是不一样的。我们先从第一类说起，它大致由这样一些物质组成，比如食品、衣服、房子之类的经济学研究对象。我们得先问问自己，是否存在一种可以被称作“正义”的伦理学原理，从而使我们能够说“公正地分配”物质产品是具备内在价值的做法。在我们给对的行为下的定义里，我们并不是这么假设的，而是假设对的行为其本质在于产生尽可能多的内在价值，无论它归谁享有。可是，有人可能极力强调，内在价值平均分配的社会优于内在价值不平均分配的社会，即便内在价值的总量并不会增加。我本人不这么认为。在我看来，以近乎平均的方式来分配是个了不起的想法，但在做的时候并没有把正义视为目的，而是当作一种手段。反对不平均分配的主要理由是它造成了不幸者的嫉妒和仇恨，导致幸运者的恐惧以及由此引发的仇恨。可是，如果某个长期存在的社会制度认可了一种不平均分配，以致不幸者也逆来顺受，那么这个观点就不适用了。再则，在有些社会里，不平等是有理可依的。因此我认为，尽管在古老传统不再起支配作用的地方，大致平等的分配有着极为强大的依据，但是它们仍是把正义作为手段，我并不认为这种正义本身具有内在价值。

尽管我认为这种正义是手段而不是目的，但是作为一种手段，它只要不超出限度都是极其可取的。有相当一部分传统的道德教义关注的是如何抑制人的利己天性，因而宣扬禁止偷穷，要人们爱邻人如爱自己，劝人们勇于自我牺牲，赞美乐善好施，都是带有这个目的的。我不确定以此为目的的传统道德教义是否都运用了最好的技巧，不过那是另外一个问题。就我来说，我倾向于同意杰瑞米·边沁[①]的观点：这种愿望不可能通过道德劝诫实现，不如寄希望于社会机制和社会舆论，它们能使每个人在满足自己利益的时候尽量按照普遍利益的要求来行动。在构建公共利益和个人利益的和谐一致方面，边沁太过理性和外化，这也是他那个时代的特征。相比之下，我会允许温情、出于本能的同情以及个人抱负起到更大的作用。但我也同意，当公共利益和个人利益之间始终有着尖锐而明显的冲突时，仅有道德戒律不太可能得出人们想要的结果。

属于我们所说的第一类的事物有很多，如果政治制度和经济制度好于当前状况的话，根本无需对它们进行伦理学上的探讨。假设有这样的体制，那么每个人都可以轻而易举地获得足够的食物，伦理学也就无需再考虑食物分配的事。在这种或诸如此类的情况下，随着社会体系的完善，道德行为的重要性会降低。至于具体物质的分配，可能迟早会被简化为对既定的却并不令人讨厌的习俗的考察。

---

① 1748—1832，英国法理学家、功利主义哲学家、经济学家和社会改革者。政治上是个激进分子，亦是英国法律改革运动的先驱和领袖，并以功利主义哲学的创立者、动物权利的宣扬者及自然权利的反对者而闻名于世。他对社会福利制度的发展有重大贡献。——译注

我们要说的第二类，即逻辑上具有排他性的那些内在价值，就不太一样了。其中最重要的是权力。几乎每个没有懒到极致的人对于权力的渴望都超出了其应得的分量，就算不是全世界的权力，至少也是他所处的环境的。纵览历史，形形色色的战争和革命大多由权欲引发。在暴君通常遭到暗杀的国家，人们仍然以血腥手段争夺暴君的宝座。在过去几个世纪，西方世界的专制权力急剧衰落。国王、奴隶主、丈夫和父亲相继被废黜，人们竭力尽可能平均地分配最高权力。在这方面，关于什么是正义，有各种强大的主张。大权在握的人几乎总是滥用权力，尽管也有例外，但为数极少。

权力过多贻害无穷，要减少它，除了效果非常有限的道德劝诫之外，还有各种办法。促进受害者奋起抵抗就是其中之一。这是民主的方法。还有一种是进行教育，即将学到的技能用于引导权欲心走上一条有利而不是有害的路。权欲，一如其他根深蒂固的冲动，在完全被压制时必然极大地损害那些因此感到受挫的人，但它也极易转变，变得能使他人普遍获益。以下情况经常发生，尽管并非总是如此，比如当人们追求的是征服自然或者认知自然法则的时候，或者当极富创造力的天才掌握了控制人们思想的权力的时候。在权力方面，就像在其他方面一样，最好的伦理原则并非教人清心寡欲，而是要鼓励和提供非毁灭性的宣泄渠道。

至于我们要说的第三类，即一个人拥有并非必然妨碍其他人拥有，这种东西的分配应该不成问题，然而事实并非如此。我正在考虑的这类东西范围极广，从日常生活中一个孩子的快乐，到创作或欣赏天才之作时的美妙感受。如果一个人享受这类乐趣会妨碍另一个人，那么这应该归咎于社会体系的缺陷，当然，这些缺陷是可以补救的。比如，医疗保健本应惠及全民，但在工作过重、药品昂贵的地方，它成了富人的特权。乔治·兰斯伯里①劝说波普勒当局把地方税提高到超出法律规定的上限，从而改进了医疗措施，进而降低了婴儿死亡率。他本人却因此锒铛入狱。目前，所有必须受过高等教育才能享受的美好事物都是少数人的特权；需要大量闲暇才能享受的美好事物也一样。在这种情况下，竞争并非必要的，而矫正措施在于政治学而非伦理学。

关于分配，还有一个大问题我尚未触及。那就是后代的问题。人们应该为了子孙后代而牺牲掉多少眼前的利益呢？一位爱尔兰人的话想必会引起一定的共鸣："凭什么我应当为后代做这做那？后代可从没有为我做过什么啊。"话虽如此，但后代确实有权提出要求。我们感激过去那些在林荫大道旁植树，却没能活到树木枝繁叶茂那一天的人。当不理智的耕作方式造成地力衰竭时，我们完全有理由感到担忧。我们处理全球矿产

① 1859—1940，英国政治家和社会改革家，1932—1935 年为英国工党领导人。1921 年他领导了伦敦波普勒区的"地方税抗争"并最终获胜。——译注

资源的做法也太草率了。我们甚至以打仗为乐，泰然自若地面对自己可能造成的人类种族灭绝。由此可见，我们生活在一个极其不计后果的时代。之所以不计后果，是因为一切都是易变的，未来也是不确定的。在这个世界恢复稳定之前，人们不可能为后代做出应有的考虑。

这件事比人们有时候认为的要严重。一个人不能只顾及自己的人生，或者只顾及自己的国家和自己所处的时代，那样他就无法繁育后代。从我们遥远的动物祖先，到不可预见的遥远未来，这中间就好像有一根长长的链条，我们每个人都是其中一部分。人类是从一种稀有而悲惨的、被捕猎的动物状态缓慢进化而来的，可是，如果我们假定人类不再继续进化，不会在未来发展到更完美的程度，我们将会走上一条死路；那么某些源自深层本能和无比重要的东西就会枯萎、死亡。我正在思考的这些，大部分人很少意识到它，只有少数人有过明确的表达，然而它就在我们的内心最深处，因为我们不只是独立的个体，也是人类这个物种的一员。正因为如此，在判断一个国家或者一个时期的时候，我不仅应该重视与其相关的个人的日常幸福，还要重视其对文明的贡献。我说的文明，指的是人类所有的精神成果，它们让人有别于猿，让文明人有别于野蛮人。正是这些东西赋予人独一无二的重要性，每一代人都轮流守护这些东西。把这笔财富传承下去，不是减少它，而是增加它，这是我们对于后代的崇高责任。我希望自己能够相信我们正在这么做。

十二　非理性的伦理学

前面几章探讨了一个行为的对错取决于它可能造成的结果，而不在于它是否属于那种公认的品德高尚或不良的行为，这种公认并不考虑行为的影响。人们可能抽象地接受了这个观点，却没有意识到它与公众广为接受的用法是相悖的。“伦理”一词以及它衍生出的形容词“不伦”，通常暗指某种神秘而令人费解的品质——这样的行为被认为拥有什么传统禁忌或者超自然启示的力量。这种观点支配了大部分人的伦理判断，也深刻地影响了刑法。我称这种观点为“非理性伦理”。

思考一下以下观点：

吃猪肉是邪恶的；

吃牛肉是邪恶的；

一个寡妇逃避殉夫自焚是邪恶的；

在星期六工作是邪恶的；

在星期天玩乐是邪恶的；

一个孩子的教父娶了教母是邪恶的；

迎娶亡妻的姐妹或者嫁给亡夫的兄弟是邪恶的；

通奸是邪恶的；

和同性发生性关系是邪恶的；

自杀是邪恶的。

上述观点受到大的文明社会的热诚拥护，某些部分亦体现在了发达国家的刑法条款中。我并不关心对于这些行为邪恶与否的争论，我关心的是认为它们邪恶与否的理由。在某些情况下，这些理由源自可以追溯到史前时代的一种传统，而大多数情况下，它们出自某部神圣的典籍。这一典籍被认为具有无上的权威，其意见永远不可能受到质疑。神职人员或者在基督教青年会劝勉大家的那些人，他们所奉行的道德戒律大多注重的是告诫听众去遵从；按照传统的观点，不遵从的话，通常会被视为比不仁慈或者由嫉妒引发的恶意、导致政治灾难的集体仇恨更令人发指。在维多利亚时代，雇用女工从事生产的棉花制造商可能会让她们超时工作，给的工资却少得可怜，以致她们的健康严重受损，生活充满了痛苦。可是，如果商人赚到了足够多的钱，就会受人尊敬，甚至能当上国会议员。但如果人们发现他和自己雇用的某个女工发生了性关系，他就会被视为罪人，社会声誉也会一落千丈。道德专家过去没有思考过，现在也仍然不想想，从道德角度上讲，仁慈、慷慨、摆脱嫉妒和怨恨是与服从传统规范定下的种种规则一样重要的。事实上，一个愤世嫉俗者可能会想，传统规范的吸引力之一在于它提供了机会让人把别人往坏处想，并且阻挠了那些原本纯真的愿望。

对这个假设的支持可能源于取舍之道的奥妙，神圣典籍的正统阐释正是以此为特征。在“福音书”里关于离婚有两处明示：一处坚决禁止，一处在发生通奸的情况下允许。天主教会和绝大部分英国圣公会牧师都抵制两者之中更人道的那种。

关于非理性伦理对于目前英格兰法律的影响，上议院1936年否决了安乐死（合法化）法案一事倒不失为一个好例子。这项法案旨在允许医生在征得罹患不治之症的病人同意后，助其尽早脱离苦海。每年都有大量这样的例子：病人饱受病痛之苦，并且治愈无望，尤其是癌症患者。现行法律规定，任何医生、任何病人家属都无权终止这种痛苦，不管病人多么希望他们这么做。最近去世的庞森比勋爵在上述法案里建议，在有详尽防护措施的前提下，病人应该有权和他的医生一起在其生命自然走到尽头之前的某个时间结束它。这个建议让上议院的爵爷们大为震惊，绝大多数人予以否决。提议否决这个法案的菲查伦勋爵不认可其名称，他说：“我希望他用地道而通俗的词汇来命名，让老百姓人人都看得懂，这样才能使它名副其实地成为一个使谋杀和自杀合法化的法案，因为说穿了，它不正是这么一回事吗?”他又说：

> 当然，如果本议院里各位尊贵的大人要考虑这个问题，就当神不存在一样——我肯定这种情况不会发生——那么情况就会两样了。那样的话，我们就会变得感情用事。当然啰，多愁善感是有其优点的，在很多方面我认为多愁善感是非常有益的。可是如果我们允许自己感情用事，那就意味着抛弃原则，意味着我们受自己的情绪支配，牺牲了坚毅这个伟大的美德，而这一直是我们人类的一个伟大特征。这个问题和党派无关。多少年以来，上议院的绝大多数先辈，不管他们信奉什么主义、秉持何种观念，都接受这个传统：只有全能的神才有权决定什么时候熄灭一个人的生命之火。对面那位尊贵的大人今天带着他的法案而来，要求我们把这个权利攫为己有，不但无视全能的神，还要和他分享这个特权。

在读到这些表述时，人们会想到一些评论。没有证据表明菲查伦勋爵反对战争或者死刑，尽管这两种情况都是人类在篡夺他所谓的全能上帝的特权。而在出于仁慈去杀人时，他却大加反对。那么对于和菲查伦勋爵一样多愁善感的神，我们应该作何想法呢？一位睿智、万能和慈爱的神真的会乐见无辜的人被剧痛吞噬，而恼怒于那些提早结束这种煎熬的人吗？显然，上议院在前任坎特伯雷大主教的鼓励下采纳了这种观点。不过两位身为医生的同僚说，即使现行的法律如此，医生们仍然经常冒着被依法处以绞刑的风险，助病人早日脱离苦海，仿佛这么说能使上述观点尽可能看起来不那么残忍。这种论调，还可以用一种比这更简洁明了的说法来概括，那就是“极尽虚伪之能事”。

我在安乐死这个例子上大费笔墨，既是因为不久前议会还对它展开过辩论，也是因为它没有引出政治问题。其中既不涉及贫富对立、保守党与工党的纷争，也不涉及选举中的任何争议。传统的道德规范严酷、残忍、难以撼动，反对一切善意的主张。

有人可能争辩说，1936 年以降，人们的观念已经变得更趋向自由主义，如果现在提出一项类似法案，极有可能获得通过。但是，仍没有类似的法案被提出，也许是一个充分的回答。之所以没有，原因之一可能是有相当一部分人信奉传统的体系，他们会投票反对任何支持这样一项法案的国会议员，但是，持自由主义观点的人极少会因为本党党员或者候选人投票反对安乐死，就脱离自己的政党。传统主义者比其思想开明的对手更狂热地坚持自己的观点，因而拥有远超其人数比例的权力。公开倡议放宽传统规范的任何行为都可能导致名誉扫地，而愚昧无知的盲从者却毫发无伤。

我可以举我自己的经历为例。1940 年，我收到美国一位年轻的自由主义者写来的信，批评我的《婚姻和道德》，理由是这本书说到的每一样东西现在几乎都被全民接受，我抨击的种种非理性现象已经差不多不复存在。几个星期后，根据法院判决，我被剥夺了纽约的教授资格，给出的理由是《婚姻和道德》是“淫荡、猥亵、下流和色情的”。结果，我一度几乎被美国各地联合抵制。

当然，一般来说，社会舆论确实比过去开放了，也已经对立法产生了影响，比如关于离婚。与此同时，警方正在对同性恋采取严厉措施，纽约州则以坐牢惩罚通奸者，至今还没有什么有效的运动来改变这方面的法律。很多人说：“既然这条法律没有得到有效执行，那么有它没它又有什么要紧?”在我看来，这种论点大谬至极。首先，任何不能被有效执行的法律都很糟糕，因为它让法律受到藐视。其次，尽管这条法律通常不会执行，却可以被报复心切的配偶或者政敌利用，或被用于敲诈勒索。有鉴于此，再加上其他原因，我认为，对于官方宣布的这种大部分人既不遵守也不相信的道德标准，我们不应该安之若素。

反对非理性伦理的人的主要论点是，它们从不太文明的时代传到我们手上，其中包含了一些糟粕是我们应该努力避开的。对亲密朋友的温情以及对全世界的善心，这两种情绪最有可能使人们做出对的行为。传统的戒律则有着截然不同的来源。为什么避孕是邪恶的？因为神击杀了俄南。为什么同性恋是邪恶的？因为神毁灭了索多玛和蛾摩拉这两座罪恶之城。为什么通奸是邪恶的？因为"十诫"中的第七诫是这么规定的。我并不否认，这当中的一些戒律可能有比这更好的答案；我想说的是，传统的理由是站不住脚的，应该弃之不用。

非理性伦理还有一个方面颇为有害，那就是认为做下某些事的人是罪人，活该受苦。我并不认为不该有惩罚或者刑法之类的东西；我想说的是，惩罚用在那些有正当理由的地方是有必要性的，尽管这种必要性令人遗憾；而仅仅将其作为一种报复却是不值得欢呼雀跃的。如果一个身染瘟疫的人来到伦敦，我们会把他和所有与他接触过的人都被隔离看管起来，对他们做出些令人不快的事，但我们并不会就此认为他们是邪恶的，也不会因为自己不得不让他们遭受各种痛苦而感到高兴。传统道德家可不是这样看待"罪人"的；相反，他们用罪恶之说来证明大多数人确实容易心怀仇恨。当他们认为整个国家、种族或者教义都很邪恶的时候，后果更为严重。我们生活的这个世界充满了这类群体性仇恨，恰恰是它们而不是其他什么威胁着人类的安危。

要评判一条伦理原则，可以依据使它受到大众欢迎的那种情绪。由此，人们会发现，人们公认的大量原则并不像表面看起来那么可敬。诚实的检验常常表明，无论一条原理合理与否，人们之所以坚信，无非是因为它给某种并不怎么高尚的热情——尤其是残忍、嫉妒和自我优越感——提供了宣泄途径。如果在自我检验之后，你发现正是这类热情使你坚持某种道德原则，那么这将为重新审视你在这个问题上的信念提供了相当充分的理由。正是因为非理性伦理常常来自这样的有害之源，所以这么做才是有价值的——与其做斗争，并且只接受看来很可能会提高公众福祉的道德准则，拒绝所有因为让我们不喜欢的人不幸福才被我们接纳的道德准则。

十三　伦理制裁

本章我们要关注的问题是这样的：根据前面几章中探讨的伦理，是什么样的动机，或者说可以用什么样的动机来促使人们做出“对的”行为？我再重申一下，我说的“对的”行为，指的是那种满意相对于不满意可能达到最大值，或者不满意相对于满意可能达到最小值的行为；这种估值，与谁满意、谁不满意并不相关。这里需要解释几句。我说的是“满意”，而不是“高兴”或者“利益”。通常我们所说的“利益”一词内涵过于狭窄。如果一个人在乐善好施心理的驱使下，把自己的钱捐给了慈善事业，我们不可以说他这么做是为了自己的利益，因为如果他本性慷慨，那么他从此举中获得的满足将超过像守财奴一般护着自己的财产不放所带给他的满足。“满足”一词的含义很广，足以通过实现一个人的欲望来涵盖发生在他身上的一切；而这些愿望不一定与他有任何关系，只不过他自己能感觉到它们。比如，人们可能祈盼找到证明“费马大定理”的方法，我自己就是如此。想必一位才华横溢的青年数学家获得充足的资助去求证这个定理是人人乐见的事。在这种情况下，人们的感受可以视为满足，但这不是我们通常认为的个人利益的满足。

我所说的“满足”，与“高兴”不完全是一回事，尽管两者有着密切的关系。人的某些经历会带给人的满足感，远远超过了单纯的趣味性；相反，某些经历尽管非常令人愉快，却并不具备那种我称为满足感的独特感受。

不少哲学家坚持认为，人类一直都在矢志不渝地寻求快乐，即使是表面上对他人最为有利的行为也无不以此为目标。我认为这种观点是错误的。当然啰，不管你所欲求的是什么，当你得偿所愿时，你确实会感到一定程度的快乐，但这种快乐通常是由你的欲望而生，而不是说你的欲望是因为即将来到的快乐所生。这一点尤其适用于那些极其简单的欲望，比如饥饿、口渴。满足饥渴会令人快乐，可是对于食物或者饮品的欲望直接针对这些东西本身，而不是它们所带来的快感。当然，美食家除外。

道德家们惯于强调所谓的“无私精神”，并将自我牺牲描绘成道德的主要内容，在我看来，这是由于未能认清可能产生的欲望的广泛性。只有少数人是完全专注于自身欲望的，人寿保险的普及便是一个充分的证明。每个人都必然受到自身欲望的驱使，无论这些欲望是什么，但是他的欲望没有理由都要以他自己为中心。相比之下，为满足他人的欲望所做的并不一定总是比为满足自己的欲望所做的更高尚。比如，一位画家可能为了亲情而画一些粗制滥造的作品以便尽快兑现度日，但是对这个世界有利的做法可能是他耗费时日画出杰作，任由其家人陷入不安和贫穷的窘境。不过，必须承认的是，绝大多数人都偏重于满足自身欲望，而道德的目的之一就在于减少这种偏重的程度。

在这方面，传统的道德家（他们的体系有着神学基础）认为，相较于接纳了我所提倡的体系的那些人，他们的地位是极其稳固的。比如，洛克能通过对纯粹的利己主义的简单诉求获得完全令人满意的结果，他认为，那些做出对的行为的人会进天堂，而做出错的行为的人会下地狱。随之，审慎的利己主义者会做出对的行为。由此，审慎在洛克看来是唯一不可或缺的美德。边沁不再相信有天堂和地狱，他认为现今世界上的好制度能够产生很多同样的效果。罪犯会被囚禁在全景式敞视监狱里，监狱是由一个中心辐射开来的，有一套巧妙设计的镜子体系，使得监狱长可以像蜘蛛一样坐镇网络中央，同时看到罪犯们的一举一动。在这个体系里，监狱长取代了神的全视之眼。当罪犯的行为是对的，就会受到奖励；是错的，就会受到惩罚。边沁坚信，其结果是他们全都会做出对的行为。不幸的是，即使在边沁最为得意的人生阶段，这个全景式敞视监狱理论获得了他所期望的所有支持，也仍然不是所有罪犯都会被送进监狱，对有些人必须做出其他安排。而且，边沁也没有说明为什么监狱长要品行端正，因此，他用于替代宗教制裁的这一发明并不能完全令人满意。

宗教制裁，从理论上看可能是合乎需要的，实践中却并非如此。审慎几乎和其他所有美德一样难以做到，而我们已知，审慎正是洛克的诉求。在宗教信仰时代，人们笃信犯下不可饶恕的罪却不能通过忏悔被免罪的话，人就会下地狱，而谋杀和强奸在当时比在今天的西方世界要普遍得多，任何人随手翻开一部中世纪史就可以看到这一点。头脑发热时，性情暴躁而冲动的男人无法以审慎的方式行事，即使是在稍微镇定一点的时刻，这种不审慎在他身上也可能是很明显的。现代神学家已经不再严格强调永堕地狱这一教义，因而大大弱化了宗教制裁的威慑力；即使是那些依然相信它的人，也知道有办法绕开。我曾经在火车上和一位爱尔兰裔美国政客谈话，他的虔敬心堪为典范，是教会的好信徒。趁着威士忌带来的酒劲，他向我保证，他极为深爱自己的妻子和孩子，可是从没放过偷腥的机会，这是因为到了适当的时候，他的罪就会被赦免。没人可以否认这种情形的普遍性。由此看来，即使是在宗教制裁极为强调的事项上，它们很大程度上也是无效的。

实际上，没有任何办法能让我们确保所有人都一直品德高尚。因此，制裁的问题与数量有关。一些体系产生了更多的美德，另一些则产生了更少的美德；一些伦理教义更容易导向有利于社会的行为，另一些则更难。广义上讲，人们可以说道德家和政治家的目标应该是让个人满足与普遍满足获得最大程度的一致，因此，一个人为使自己获得满足而做出的行为，或许也能让他人获得满足。这种一致性会在多大程度上存在于任何特定的社会，取决于形形色色的因素，其中有三个特别重要，可以单列出来。它们是：(a) 社会体制；(b) 个人欲望的性质；(c) 社会舆论的褒贬标准。这三者中，社会体制可能最为重要。显然，人们的行事方式在无政府社会（比如“淘金热”时期的采矿小镇）和在刑法行之有效的社会是不一样的。而且，不同的社会为个人提供的成功机会也不一样。让一名海盗当上海盗头子的办法，和让大学的一名工作人员努力成为校长的办法是截然不同的。在一个井然有序的社会里，个人成功是对普遍有效的行为的回报；而在一个无政府社会里，则是对狡诈、残忍和快速的暴力手段的酬劳。不过这是个大题目，我将就此打住，不再深入探究。

个体的欲望决定了该个体的行为，而个体的欲望本身在极大程度上是可以被教育、风气和机会所改变的。显然，这种改变只要是经过深思熟虑的，都应该朝着使个体欲望尽可能符合普遍利益的方向进行。很多时候，这种情形会发生在文明社会。肉店老板和面包师傅让我开心，并非因为他们爱我，而是因为经济体系使得于我有用的东西也对他们有利。[①] 然而，任何一个社会都或多或少会有人在仇恨、愤怒、嫉妒或者直接的暴力冲动等对社会不利的欲望驱使下行事。确定反社会冲动的起因并努力消除它们，应该是心理学家和某些人的职责。在这个问题的处理上，应该用科学家的方法，而不是传统道德家的方法。传统道德家过于相信布道和明文戒律的有效性，过于无视科学方法对心理起因的探究；这和过分强调罪与自由意志是联系在一起的。很多性格缺陷是布道无法治愈的，正如它无法治愈肉体病痛一样。如果像医学专业研究身体健康那样，以同样的关切和专业精神来研究这个问题，那么个人道德水平的提高将是无止境的。

公众舆论中的褒贬扬抑对于人们的行为有着巨大的影响，但这种影响并不一定总是好的。敬仰拿破仑的不只法国人，还有他所征服的国家的广大民众，比如德国人和意大利人。极其适用于这样的伟人的东西，对于不及他们的人未必适用。人们会赞扬不具备社会效益的成功模式，而在非理性伦理存在的地方，无害行为也会受到指责。

这些方式可能让伦理制裁变得更好或更糟，但都会让伦理制裁变得非常强大。倘若有好的体制、于社会有利的伦理观和

① 亚当·斯密的《国富论》里有句名言："我们所期待的饭食，不是来自屠夫、酿酒商或者面包师的乐善好施，而是来自他们对自身利益的关注。"——译注

对于培养个人品质的科学理解，那么个人满足和普遍满足之间的种种冲突就可能会大化小、小化了。这种结果应该成为所有致力于创造幸福的人类社会的人所追寻的终极目标。

当今西方社会已经在相当大程度上实现了个体满足和普遍满足之间的和谐一致，前提是我们只关注社会内部事务，忽略我们与潜在敌对国家之间的关系。形成这种和谐一致的第一步在于刑法的实施，它旨在不让极少数违法之徒得逞，比如杀人犯、窃贼。第二个重要因素是维持生计的必要性。一般说来，人们只有在其劳动付出被认可的情况下，才能拿到报酬，于是工作占据了大多数人的绝大部分时间。第三个因素就是惩恶扬善，使社会认可的善行得到发扬。人喜欢被人仰慕而不是憎恨，然而正如我们所知，这个动机一旦遇到社会的褒贬标准不完善或者不正确的情况，可能会产生坏的效果。

不只上述这些方式能让出于利己考虑的动机造福他人，其实大多数人都有涉及他人的直接冲动。这些冲动可能是仇恨，然后十有八九会造成伤害。但是，除非遇到极不寻常的压力，比较常见的是基于亲情和友谊之类的动机。此外，博爱也是一种动机，它会出现在洪水和地震等重大自然灾害发生时，我认为这种动机比人们通常意识到的更普遍。最后，还有自豪感。它存在于家庭、城市、国家以及其他各种人的群落中，其结果可能好，也可能坏。这些动机与纯粹的利己主义动机一样，都是普通人性的一部分。

基于上述原因，眼下生活在较文明社会的大多数人，其绝大部分行为都采取了对他人和对自身同样有益的方式。这并不是因为道德法则告诫人们要无私，而是因为在他们生活的社会，他们的冲动和欲望促使他们去这么做。显然，更好的体制、更好的感情教育和更客观公正的社会舆论，将会使已经因人们的行为而提升的社会福祉再次获得大幅增加。正是出于这样的原因，而不是为了恢复非理性制裁的信仰，我们必须寄希望于伦理学的发展。

下部

激情的冲突

一　从伦理学到政治学

我们在前面几章里讨论的多少有些抽象的伦理问题，如果放在一个不太了解人类历史的人面前，可能会让此君觉得，通往普世满足的道路看起来好像轻而易举又一目了然。唯一要做的，就是让激发个体行为和集体行为的种种欲望成为共可能的欲望，而且其本质不会对他人的欲望造成妨碍。抛开一些相对不值一提的例外不谈，采取一切手段确保如此并非不可能。人的欲望并不是一成不变的，会受到境遇、教育和机会的影响。凭借我们现在掌握的技能，通过传播经济学家和社会学家掌握的知识，更具破坏性的激情可以被置于一个位置，这个位置并不比那些把人引向私自杀人的激情当下所占据的位置更为重要。如果做到了这一点，那么整个世界都可以在不久的将来获得一定程度的满足，快乐将遍布四方，这是有组织的人类社会滥觞以来所未见的。

然而在真实世界里，情况并非如此。综观过去和现在，人类行为的出发点大都是为了打败他人。除了权欲、争斗、仇恨，恐怕我还得补充一点，那就是幸灾乐祸。这些情绪如此强烈，以至于不但支配了社会的行为，还引发了对反对者的仇恨。耶稣基督要人们彼此相爱，却引来了暴徒的狂怒，他们叫嚣着："把他钉死在十字架上！把他钉死在十字架上！"从那以后，基督徒一直追随的是暴徒，而不是基督教的创立者。非基督徒也不甘落于人后。苏联的马林科夫和美国的麦卡锡[①]参议员都秉持着要把耶稣基督钉死在十字架上的那种暴徒精神不断作恶。智力并没有被用来驾驭激情，而是赋予其更大的施展空间。早在人类文明萌芽时就有恃强凌弱者，这才形成了奴隶制。几乎所有的农业社会里，苦活累活都交给了妇女，这并非因为她们比男子更适合做这个，而仅仅是因为她们没有男人强壮，所以不得不接受这种安排。回望整个人类历史，权力一直分给强者过多的好东西，而留给弱者的是终生辛劳与不幸。

争斗同样是灾难性的。我正在思考的并非温和的对抗，诸如个人之间对于财富和社会地位的竞争，而是有组织的集团之间的对抗，后者正是战争的源泉。

我们不可以说，从整体来看，全世界在这些问题上已经有

---

① 可参见百度百科之"马林科夫"和"麦卡锡主义"词条。——译注

所改进。当人口数量很少，社会组织还没有成形之时，有饥饿，有来自野兽的威胁。可是，在预先思考成为一种习惯之前，在没有饥饿和危险的日子里，人们可能是幸福的。随着社会变得更加组织化，对大多数人来说，无忧无虑的幸福的时间段变得日益稀少。在我看来，过去人类苦难的总量比不上近 25 年的。在这 25 年里，纳粹试图灭绝犹太人，饥饿夺去了数百万俄国农民的生命，还有历次大清洗以及规模庞大的劳改营。而且，好像这些还不够，过去几年里，同样的一套体系延伸到了中国。很难假装西方诸国正在通过提升国民的幸福程度来纠偏，因为战争的恐怖威胁就悬在他们头顶上，这场战争不仅有原子弹和氢弹，还有现代战俘营和集中营已经启用的所有最新的残酷手段。

一旦了解了从金字塔矗立起来到今天的历史，对于任何有人性的人而言，都无法感到欢欣鼓舞。各个时代都有人看到了什么是善，但都没能成功地改变人类的行为模式。佛陀与基督都教导人们爱众生，然而到头来印度人偏爱的却是湿婆。圣方济各所传的教义是温和的，而他的亲传弟子们却为一场极为野蛮的战争招募新兵。人的天性中有着某种凶残的狂热，这种倾向极为强烈，反对它的人几乎总是招人恨的，而整个道德体系和神学体系的建立就是为了让人们觉得野蛮行径也是高贵的。

这样的探讨使得把伦理学应用于政治学非常困难——困难到有时候看起来几乎是徒劳的。然而我们已然面临人类历史上的这样一个时刻：有史以来第一次，单就人类的种族延续而言，都将取决于人类能在多大程度上学会接受伦理学思想。如果我们继续纵容种种极度危险的激情扩张，那么我们日益增长的技能必定会把我们所有人都拖入灾难之中。因此，我们必须增强信心，寄希望于人类即使到了灭顶之灾降临前的最后一刻还是会停下来反思，并意识到为了人类的存续，让我们讨厌的人过得幸福算不得付出了什么高昂的代价。

极度危险的激情看似带来了真正的幸福，实情却并非如此。奴隶主整日担心奴隶会揭竿而起，敌对的武装国家成天害怕输掉战争。所有发不义之财的人都不得不压制自己，免得过于慷慨大方，以致对人类生活中最大的乐趣一无所知。

接下来的几章，我们会关注人类进入文明社会以来，有组织的激情所引发的冲突以及这些冲突导致的不幸；探讨千百年来人们运用自己的智慧创造的世界，为什么只有少数人乐在其中，而大多数人却境遇凄惨，过得猪狗不如。如果不弄清事情何以至此，我们就别想找到任何办法让伦理学原理发挥作用。尽管下面几章中有些内容可能看起来很阴暗或者容易令人沮丧，但这些内容的唯一目的就是找出人类能让自己快乐起来的方式。这个问题不会得不到解决，因为归根结底，人们终究是为了谋求自身利益的满足。如果这个世界出了什么问题，只有极少数人会更加高兴。不错，在这极少数人当中，有些是大权在握的；而人们多半是被蒙蔽了双眼才会把权力交到他们手上。正是我们的智慧使世界陷入了如今这种岌岌可危的境地，而我们的认知以为激情是不可改变的。实际上，它并非不可改变，而且改变它所需的技能要比用于元素嬗变的技能少。我无法让自己相信，已经在一些领域展示了非凡技能的人类，在另一些领域却是无可救药的愚蠢，以至于坚决要自我折磨和自我毁灭。我们这个时代是阴暗的，但或许它所激发出的种种恐惧可以成为智慧的源泉。如果真是这样，那么在危机四伏的未来岁月里人类必须避免使自己陷入绝望，并且始终相信会有一个比过去任何时刻都美好的明天。这并非痴人说梦。只要人类做出了这样的选择，那它就会成真。

二　于政治至关重要的激情

我对政治理论的探讨将从这个主题开始，因为我认为当代大多数关于政治和政治理论的讨论都没有充分考虑心理因素。经济现象、人口统计数据、宪政组织等都已被详尽地阐述，要知道朝鲜战争爆发时韩国有多少人、朝鲜又有多少人毫不困难。如果你查对了书，你就能确定双方的人均收入是多少，军队规模有多大。可是，如果你想知道一个朝鲜人究竟是怎样的人，一个朝鲜人和一个韩国人之间是否存在什么明显区别；想知道他们各自的人生追求，有什么不满、希望或者恐惧；概括来讲，就是“支撑他们的动力”究竟是什么，那么你就算翻遍工具书也是枉然。所以，你无法看出韩国人是热烈欢迎联合国机构的到来，还是宁愿跟北方的亲人统一。你也猜不出他们是否愿意放弃土地改革来换取投票权，在一些他们从来没有听说过的政客中选出领导人。这样的问题一再被身居遥远首都的政要们忽略，令人失望。如果政治要变得科学一点，如果不想让事情常常出乎人们意料，我们的政治学思考必须要更加深入地洞察人类行为的源头。饥饿对于人们的口号究竟有多大影响？两者的效力将如何随着你饮食中的卡路里上下波动？如果一个人给你民主，另一个人给你一袋粮食，那么饿到什么程度你才会选择粮食而不是选举权？这样的问题几乎无人问津。不过，让我们暂且忘了朝鲜人，探讨一下人类吧。

人类的一切行为都是受欲望或者冲动驱使的。一些极为热心的道德家提出了一种彻头彻尾的谬论，说为了责任和道德原则而抵制欲望是可能做到的。我称此为谬论，并不是因为从来没有人是出于责任感行事，而是因为除非此人渴望做个尽职尽责的人，否则责任对他毫无影响。如果你想要知道人们会做什么，那么你必须不仅知道（或者主要是知道）他们的物质条件，还要知道他们的整个欲望体系及其相对优势。

有些欲望尽管非常强大，通常却并不具有任何政治上的重要性。大多数人在人生的某个阶段都渴望结婚，但一般说来，他们不必采取任何政治行动就可以实现。当然也有例外，强掳萨宾妇女[①]这个例子刚好能说明问题。开发澳大利亚北部的进

① 根据罗马神话传说，萨宾人是居住在阿比奈斯山脉中央的古意大利民族，而罗马帝国的缔造者、部落领袖罗慕路斯早就觊觎萨宾女人，于是在邀请他们参加宴会时悄悄打入萨宾城，抢去许多年轻美貌的妇女，从此双方战争不断。此为西方古典主义油画的经典题材。——译注

程曾一度严重受阻，就因为本该好好干活的一帮男人血气方刚，受不了没有女伴的光棍生活。不过，这类例子并不常见，男女之情一般对政治没有多大影响。

具有政治意义的愿望可以分为两组：首要的和次要的。前者包括生活必需品，如食物、住处和衣服。当这些东西变得非常匮乏时，人们为了获取它们会竭尽全力或者不惜一切代价地诉诸暴力。据研究早期人类社会历史的学生们说，基于四个彼此独立的因素，阿拉伯半岛的旱灾使得百姓如潮水一般涌入周边地区，并带去了巨大的政治、文化和宗教影响。其中最后一个因素就是伊斯兰教的兴起。日耳曼部落从俄国南部逐渐扩张到英格兰，又从那里去了旧金山，也是出于类似动机。无疑，对食物的渴望过去是，现在也依然是重大政治事件的主要起因之一。

而人区别于其他动物的一个非常重要的方面，就是人有一些欲望可以说是需索无度的，永远也不可能完全满足，即使进了天堂里也不会罢手。蟒蛇饱食一餐后会睡觉，等到需要再次进食时才会醒过来。大部分人类并不像这样。阿拉伯人本来过着吃几个椰枣就能果腹的简朴生活，可是当他们获得了东罗马帝国的财富，住进无比奢华的宫殿时，并没有因为以前的节俭习惯就变得束手束脚。饥饿不再是一个动机，因为只要他们稍稍点个头，希腊奴隶就立刻会端上精致的菜肴。让他们活跃起来的欲望，具体说来有四种，我们可以称为贪得无厌、争强好胜、虚荣心和权欲心。

我想，贪得无厌这样一种动机，即希望尽可能占有更多物品或者物品的所有权，其源头是恐惧与对生活必需品的渴望交织在一起的某种东西。我曾经遇到过两个来自爱沙尼亚的小姑娘，她们差点儿在一场大饥荒中饿死。住进我家之后，她们原本不应为食物发愁，可是她们一有空就去邻居的田里偷土豆，然后贮存起来。洛克菲勒幼年时过过穷日子，成年后仍然维持节俭的生活。同样，坐在拜占庭丝质长沙发椅上的阿拉伯酋长也不会忘记沙漠，即便他们拥有的财富已经远远超过了生理需求的内容。然而，不管心理学怎么解读贪得无厌，谁也不能否认它是重要动机之一，特别是对于有权势者而言，正如我前面所说，它是永无止境的动机之一。无论你拥有多少，你总是希望获得更多。满足就像是个梦，永远让人可望而不可及。

尽管贪得无厌是资本主义制度的主要动力，但是在征服饥饿之后还剩余的动机中，它却绝非最强大的一个。争强好胜是一个更强有力的动机。在伊斯兰世界的历史上，各个朝代一再发生惨剧，因为苏丹不同妻妾生下的儿子们各执己见，从而引发内战，导致生灵涂炭。类似事情在现代欧洲也时有发生。英国政府极为不智地准许德国皇帝①出席斯皮特海德的海军检阅

① 指威廉二世，英国维多利亚女王的第一个外孙。1897 年出席庆祝女王登基 60 周年的英国皇家海军检阅仪式深受触动，此后大力发展德国海军，为一战的爆发埋下伏笔。——译注

仪式，这时候皇帝脑子里冒出来的想法并不是我们想要他有的那种，而是“我一定得拥有一支海军，和外祖母的一样棒”。我们此后的一切麻烦都来自这个想法。如果人们总是贪得无厌甚于争强好胜，那么大家的日子会比现在好过一点。可事实是，很多人只要能确保完全毁灭自己的对手，哪怕自己陷入穷困也乐意。因而有了今天的税制。

虚荣心也是一种威力巨大的动机。经常和儿童打交道的人都知道孩子是如何一边不停地做着怪动作，一边说“看我的”。“看我的”是人们内心最基本的欲望之一，它可以表现为无数种形式，从逗人一乐到追求身后的不朽声名。文艺复兴时期，意大利有位不受重视的王子，在他奄奄一息之际，牧师问他这辈子有什么要忏悔的。“是的，”他说，“是有这么件事。有一次皇帝和教皇同时来访，我把他们领到我家的塔顶去看风景，可是我错过了把他们一齐推下去的机会。要是这么干了，我就会名垂青史。”至于牧师是否免除了他的罪，历史没有相关记载。虚荣的麻烦之一在于，它会随着获得的满足而不停增长。人们谈论你越多，你就越希望被人谈论。被判死刑的杀人犯在获准观看有关其案件的新闻报道时，如果发现哪家报道得不够翔实，就会大为恼怒。而且，报道此案的报刊越多，他对不够翔实的那家的恼怒就越甚。政客和文人也是一样。他们越是有名，有关他们的新闻报道就越难令他们满足。下至3岁小孩，上至皱皱眉头世界就要为之颤抖的君王，虚荣心对于整个人类生活的影响怎么描述都不算过分。人类甚至大不敬地认为神也有这样的欲望，并想象着神也渴望不断被人赞美。

可是，尽管我们已经探讨过的各种动机影响巨大，还有一种动机比它们更甚。我指的是权欲心。权欲和虚荣一脉相承，但并不是一回事。虚荣心需要荣耀去满足，没有权力而有荣耀是很容易做到的。在美国最为荣耀的人是电影明星，可是声名狼籍的非美活动调查委员会[①]一下子就把他们打回了原形。在英国，国王比首相更为尊贵，可是首相比国王更有实权。很多人宁愿荣耀加身而不是权力在握，可是若论对重大事件的影响力，总体说来，他们远不如那些更看重权力而不是荣耀的人。1814 年，布吕歇尔[②]看到拿破仑的皇宫后说："他莫非是个大傻瓜，拥有了这一切还不够，还想要莫斯科！"拿破仑肯定不会没有虚荣心，如果不得不二选一的话，他更愿意要权力。这种选择在布吕歇尔看来很愚蠢。权力与虚荣一样，是永远无法满足的。只有无所不能的权力才能完全满足它。事实上，精力旺

① 美国国会众议院 1938 年设立，由以反共著称的得州参议员 M·戴斯任主席，故亦称戴斯委员会。其会员大多为右翼反共分子，名为调查法西斯主义、共产主义及其他组织"违反美国利益"的"非美"活动，实为反共、反民主机构。1945 年成为众议院常设机构，加紧迫害活动，1947 年制造了迫害好莱坞电影工作者的案件，300 多名文艺界人士受株连。1975 年被撤销。——译注

② 1742—1819，普鲁士元帅，1814 年 3 月打败法军，进占巴黎，迫使拿破仑第一次退位。——译注

盛的人尤其容易染上这种恶习，权欲的偶尔实现与权欲发生的频率完全不成比例。确实，到目前为止，权欲心是大人物最强大的人生动力。

拥有权力越久，权欲心就会越甚；芝麻小权如此，专制君权亦如此。在1914年以前的幸福日子里，富家女子可以仆从成群，她们于家庭事务上行使权力所得到的乐趣会随着年纪稳步增加。贵族政权也是这样，随着当权者不断体会到权力赋予的快乐，他们会变得越来越专横。凌驾他人的权力会在强迫他人做不愿做的事情时得到彰显，因而权欲熏心的人更愿意把痛苦加之于人，而不是允许人们得到快乐。如果你以某个正当理由向你的老板请假，拒绝你比答应你更能让他感觉自己大权在握。如果你申请建筑许可证，显然说“不”比说“行”更能让管事的小官员感到愉悦。正是这类情形使得权欲心变成了如此危险的一种动机。

但是，权欲心也有可取之处。我认为，对知识的追求主要是受权欲的驱使，于是才有了科学技术的进步。政治上也是如此，改革者可能与暴君有着同样的权欲。对权欲作为一个动机全盘否定是完全错误的。这种动机会引导你做出有益之事或有害之事，取决于社会制度以及你的个人能力。如果这个人拥有理论能力或者实践能力，那么他会对知识或者技术有所贡献，一般说来，他的行为会是有益的。如果你是个政治家，那么你可能会受到权欲的驱使，但通常权欲心会融入你想成就某件大事的愿望中，出于某种原因，你更喜欢这种现状。比如像阿尔西比亚德斯[1]这样的名将可能并不在意为谁打仗，而大多数的将军更愿意为祖国效力。可见，除了权欲之外，还有其他动机。政客可能是墙头草，总是哪边选民多就站在哪边，但大多数政客会在两党中有所偏向，并使自己的权欲心服从这一选择。在形形色色的人身上会看到近乎纯粹的权欲心。一类是善于把握机遇的军人，拿破仑就是个完美的例子。我认为，拿破仑选择法国而非科西嘉并不是出于意识形态上的偏好，可是如果他选择在科西嘉称帝，他就不会成为一代伟人，像他假装自己是法国人之后那样功业煊赫。[2] 然而，这类人物算不上无懈可击的例子，因为他们也从虚荣之中获取了巨大的满足。最好的例子非幕后操纵者莫属——这类掌权者一向藏在帝王宝座的背后，不为人知。“这些傀儡哪里知道究竟是谁在幕后发号施令啊！”只要一想到这些，他们就暗自沾沾自喜。荷尔斯泰因男爵，从1890年到1906年一直控制着德意志帝国的外交政策，他把那种对权力的迷恋表现得淋漓尽致。他住在贫民窟里，从不在上流社会露面；对皇帝也避而不见，唯有一次实在拗不过皇帝的再三请求才见了；他婉拒宫廷活动的一切邀请，理由是

---

① 前450—前404，雅典杰出的政治家、演说家和将军，在伯罗奔尼撒战争期间数次易主，由雅典叛逃斯巴达，继而叛投波斯，直到雅典的政治盟友把他召回。——译注

② 拿破仑早年曾经热烈支持自己的家乡科西嘉脱离法国独立。——译注

没有去这种场合的礼服。可是，他刺探到的秘密使他能够胁迫总理大臣以及皇帝的许多近臣。他要挟这些人并不是为了获取财富、名声，或者其他任何显而易见的好处，而仅仅是为了迫使国家的外交政策如他所愿。东方国家里，这样的人在宦官当中并不少见。

现在，我来谈谈其他动机，尽管从某种意义上说，它们没有我们已经探讨过的动机那么重要，但仍然具有相当的重要性。首先是追求刺激。人类比动物优越之处表现在他们会感到厌倦，尽管在观察动物园里的猿类时，我有时会想它们或许也有这种厌倦情绪的萌芽。无论如何，经验还是证明了摆脱厌倦是几乎所有人类真正的强烈欲望之一。当白人最初和某个未开化的野蛮民族打交道的时候，他们向后者提供了各种恩惠，从福音书的教诲到南瓜饼。然而令我们深感遗憾的是，大多数野蛮人接受这一切的时候无动于衷。在我们带给他们的礼物当中，他们真正看重的是醉人的烈酒，这些酒让他们平生第一次在短暂瞬间产生了幻觉，感觉活着比死了好。红种印第安人在还没有受到白人影响时，就学会了抽白人的烟斗，他们抽起来不像我们这般平静，而是一通狂吸，竟至昏了过去。当尼古丁造成的刺激消失后，一位爱国演说家就会鼓动他们去攻击邻近的一个部落，这么做给他们带来的快乐，就像我们（这一点因脾性而异）从赛马或者大选中获得的那种快乐。赌博的快乐几乎完全来自追求刺激。于克神父[①]如此描写冬天聚集在长城上的中国商人：豪赌，直至输光所有现金，然后输光所有货物，最后输光全身衣服，赤身裸体，冻死街头。我认为，文明人和原始的红种印第安人一样，主要都是追求刺激，正是这种心理使得老百姓在战争爆发时一片鼓掌欢呼；这种感觉和看足球赛的感觉完全一样，只不过其后果有时候要稍稍严重一些。

要确定追求刺激的心理根源不是件容易的事。我倾向于认为我们的心智构造是与人类靠狩猎为生的阶段相适应的。那时候，一个男人带着非常原始的武器，花上整整一天去追踪一头鹿，希望饱餐一顿，然后在傍晚成功地把死鹿拖回自己的洞穴，带着疲倦心满意足地躺下。他的妻子收拾鹿肉，烧熟；他昏昏欲睡，骨头酸痛；肉香充溢着他意识的每个角落。最终，在一顿饱餐之后，他酣然入睡。在这样一种生活当中，他既没有时间，也没有精力感到厌倦。可是当他开始从事农业生产，并让妻子干田里的一切重活以后，他便有时间顾及人生的虚荣，编创出种种神话和哲学体系，梦想来世会永远在瓦尔哈拉[②]捕猎野猪。我们的心智构造是适合重体力劳动的生活方式

---

① 1813—1860，法国天主教传教士，他描绘中国、鞑靼等地的旅行记激发了欧洲对于中亚的兴趣。——译注

② 瓦尔哈拉是北欧神话中奥丁的宫殿之一，设有盛筵飨待那些战死者，筵席上有美味的野猪肉和香浓的羊奶蜜酒。这是以勇敢为无上美德，以战死为无上光荣的北欧人心目中最理想的生活方式。——译注

的。年轻时，我总是在假日里徒步旅行，一天走25英里，夜幕降临时我不需要任何东西帮我摆脱厌倦，因为坐下来的喜悦已经足够了。但现代生活不可能按照这些需要耗费体力的方式进行。大量的工作都是坐着干的，绝大部分体力活只活动几块特定的肌肉。当伦敦人聚集在特拉法加广场，对政府决定让他们去送死的声明长时间高声欢呼时，如果那天他们都走了25英里的话，他们就不会有这番举动。可惜，这种医治好战症的方法是不现实的，如果人类想要生存下去——也许这并不是他们想要的——就必须找到其他方式，以获得一条无害的途径去发泄富余的体力，后者正是导致他们去追求刺激的罪魁。在这件事上，无论是道德家还是社会改革家都考虑得太少了。社会改革家认为他们有更重要的事情要考虑，而道德家对所有允许存在的发泄追求刺激的欲望的途径都极为担心，不过他们真正关心的是罪恶。如果我们可以相信自己耳朵的话，舞厅、电影院、这个爵士乐时代，无不是通向地狱的入口，我们最好在家闭门思过。我发现自己无法完全认同发出这些警告的那些正人君子。魔鬼有很多形式，有的旨在欺骗年轻人，有的旨在欺骗年长者和严肃的人。如果是魔鬼在诱惑年轻人耽于享乐，难道不会是同一个魔鬼在劝说老人谴责年轻人享乐吗？谴责难道不会是一种只适合于老年人的刺激形式吗？难道它不会是一种毒品，像鸦片一样，需要不断加大剂量才能产生想要的效果？从谴责电影院的邪恶开始，我们被一步步引导去谴责对立的政党、南欧佬、意大利佬、亚洲佬，简而言之，除了自己所在团体的成员之外的每个人，这难道不让人害怕吗？当这样的谴责散布开来，战争就会爆发。我还从来没听说过哪个战争是从舞厅开始的。

追求刺激这个问题的严重性在于它的许多形式都是极具破坏性的。在沉溺于酒精或者赌博的人那里，它是毁灭性的。当它以暴民暴乱的形式出现时，它是毁灭性的。尤其是当它引发战争时，它是具有毁灭性的。寻求刺激是如此强烈的一种需要，如果身边没有无害的发泄途径，那它一定会找到这类有害的途径来发泄。现在，只要在宪法允许的范围内，体育运动和政治活动中就能找到一些无害的发泄途径。可是这些还不够，尤其是政治活动，它最具刺激性，危害也最大。文明生活已经完全驯化了，如果要使之稳定，就必须为我们远祖从狩猎中得到满足的那种冲动提供无害的发泄途径。在人少兔多的澳大利亚，我看见老百姓熟练地屠杀了几千只兔子，他们用这种原始的方式来满足原始的冲动。但是在伦敦或纽约，人多兔少，必须找到别的方式来满足原始的冲动。我觉得，每座大城市都应该有人造瀑布，使人们可以乘坐不结实的独木舟从瀑布上冲下来；还应该有一些游泳池，里面布满了机械鲨鱼。一旦发现谁鼓吹打一场先发制人的战争，就应该判他每天跟这些制作逼真的怪物共处 2 个小时。更重要的是，应该把体罚作为对追求刺激的一种具有建设性的发泄途径。在这个世界上，没什么能比灵光乍现的发现或者发明更让人兴奋，能够经历这样时刻的人比我们有时候以为的要多得多。

有两种紧密联系的激情与许多其他的政治动机交织在一起，很遗憾，这两种激情就是恐惧和仇恨，而且很容易在人身上产生。我们恨自己惧怕的东西是很正常的，而我们恨的东西通常（但并不总是如此）又会让我们惧怕。我认为这可能在原始社会很常见：那时候的人对任何不熟悉的东西都会又怕又恨。他们有自己的部落，最初规模很小。在一个部落内，除非有某种特定理由引起的敌意，否则所有人都是朋友。其他部落的人都是潜在的或者已经交恶的敌人，如果某个敌人无意中迷了路，误闯了进来，就会被杀。他们会根据具体情况来决定是避开一个外来部落，还是对其动武。我们对于外国人的本能反应今天仍然受这样一种原始机制的支配，一个从来没有游历过的人看到外国人，就像野蛮人看到其他部落的人一样。可是游历过的人或者研究过国际政治的人会发现，如果自己的族群想要欣欣向荣，就必须在某种程度上和其他族群联合。如果你是个英国人，有人对你说“法国人是你的兄弟”，那么你的第一反应会是“胡说八道，他们爱耸肩，说法语。我甚至听说他们吃青蛙”。如果这个人向你解释说，我们和俄国人可能必有一战，若是这样，我们得守住莱茵河防线[①]，要想守住莱茵河防线，

① 即东西德的分界线。——译注

就离不开法国人的帮助，这时候你才会开始明白他说的“法国人是你的兄弟”到底是什么意思。可是，如果某个旅伴接着说，俄国人也是你的兄弟，那么他就很难说服你，除非他能证明火星人就快打过来了。谁恨我们的敌人，我们就爱谁，如果没有敌人，我们几乎没谁可以爱了。

不过，这一切只适用于人们对待他人的态度。你或许以土地为敌，因为它吝于向人类提供粮食；你或许视大自然母亲为敌人，把人类生活想象成与大自然的抗争。若是人们如此看待生活，全人类的团结合作就会很容易实现。想让人们形成这样的生活理念并非难事，只要学校、报纸和政客能以此为己任。可是，学校灌输爱国主义，报纸煽动人们的情绪，政客一心只想赢得连任。因而这三者谁都无法将人类从自相残杀中解救出来。

对付恐惧的办法有两种：一种是减少外部危险，一种是培养斯多葛学派式的承受力。只要不必立即采取行动，我们就可以通过转移对导致我们恐惧的事物的注意力来增强这种承受力。战胜恐惧极为重要。恐惧本身是有辱人格的，它很容易演变成一种不能自拔，引发对所怕事物的仇恨，进而导致过度的残忍。没有什么比安全更有利于人类了。如果可以建立一个国际体系来驱除人们对战争的恐惧，就可以极大极快地提高人们的日常精神状态。当前，恐惧笼罩世界。原子弹和细菌弹，无论是在共产主义分子还是资本主义者手中，都令华盛顿和克利姆林宫心惊胆战，同时也将人类一步步逼向深渊。要改善现状，第一步，也是关键一步，就是得找到消除恐惧的办法。当今世界陷入了意识形态之间的对抗，导致冲突的一个显见的原因就是想让己方的意识形态压倒对方的意识形态。我认为，此处的基本动机和意识形态并无太大关系。意识形态无非是一种把人们划为不同集团的手段，其间产生的激情与敌对集团之间表现出的那些激情不过是同一种东西。……假如俄国人依然信奉希腊东正教，假如他们实行议会制，假如他们有完全自由的新闻媒体，每天辱骂我们，可是只要他们仍然拥有现在这般强大的军事力量，只要我们觉得他们怀有敌意，还是会仇恨他们。当然，信仰上的互相厌恶是确实存在的，这也会引发敌意。但我认为这是群体情绪的一个组成部分：持有不同神学观点的人会有些怪异，任何奇怪的东西都必定是危险的。实际上，意识形态一致是人们形成群体的途径之一，而且心理上也会大同小异，尽管这个群体可能已经形成。

你可能觉得我只讨论了坏动机，或者充其量从伦理角度讲是中性的动机。我想，通常而言，恐怕这些动机要比较为利他的动机更强大，但我并不否认利他动机的存在，可能偶尔还发挥了作用。19 世纪早期英国的反奴隶制运动无疑是利他的，也产生了深远的影响。该运动的利他主义通过下列事实可见一斑：1833 年，英国纳税人付给牙买加地主好几百万英镑，作为其解放奴隶的补偿；在维也纳会议[1]上，英国准备做出巨大让步，希望以此促使其他各国放弃奴隶贸易。这些是过去的例子，而在今天，美国人做出了同样引人注目的举动。不过，我不想深入探讨，以免卷入当前的种种争议。

我认为同情作为一种由衷的动机是毋庸置疑的，有时候一些人会因为另一些人在受苦受难而感到不安。正是因为同情，人道主义在过去一百年间取得不错的进展。听说精神病人被虐待，我们感到震惊，于是就有了现在这许多精神病院，他们在那里不会被虐待。西方国家的囚犯按理说不应该遭受酷刑折磨，如果真是如此，一旦被曝光，公众就会抗议。我们反对像《雾都孤儿》里描绘的那样对待孤儿，新教国家反对残忍对待动物。通过上述所有方式，同情产生了政治影响。如果能驱除对战争的恐惧，其影响将会有更大的提高。也许人类未来最大的希望就在于想方设法地扩大同情的广度，加强同情的力度。

综上所述，政治学更关注族群而不是个人，因此，对政治殊为重要的激情是特定群体内的不同成员可以共同体会到的感受。政治体系必须建立在一个广泛的本能机制上，即群体内部成员互相合作，而对其他群体保持敌意。群体内部的合作从来都不会尽如人意，有的成员不遵守群体规则，不合群，甚而是

---

[1] 1814—1815 年在奥地利维也纳召开的欧洲外交会议，奠定了一战以前的欧洲政治框架。——译注

害群之马。他们会低于或者高于整个群体的平均水平，其中包括愚民、罪犯、先知及发现者。一个明智的群体会学着包容那些有过人之处者的怪癖，同时，对待低能者尽可能不那么残忍。

至于和其他群体的关系，现代技术已然在人类的自身利益和本能之间造成了某种冲突。古时候，两个部落一旦开战，一个会消灭另一个，然后吞并它的地盘。胜利的一方对整件事极为满意。杀戮并不费什么劲，带来的刺激却很可观。因此，难怪战争会一直此起彼伏。不幸的是，我们今天怀有的仍然是适合这种原始战争的情绪，而战争的实际操作已经彻底改变了。现代战争中，消灭一个敌人都要付出高昂的代价。如果你想想在刚刚过去的二战中有多少德国人丧生，战胜国的人民又为这场战争缴纳了多少税款，就可以用长除法算出杀死一个德国人的代价，你会发现这个数字相当可观。在东方，德国人的对手赶跑了战败国的民众，占领了他们的土地，与古人从战争中捞到的好处如出一辙；然而西方的战胜国并没有得到这些好处。从经济角度来看，现代战争显然不是一笔赚钱的生意。尽管两次世界大战我们都赢了，可是如果它们没有发生的话，我们应该比现在富裕得多。如果人人都只关注自身利益（现实并非如此，个把圣徒除外），那么人类就会互相协作。于是，世界上将不再有战争、陆军、海军和原子弹，也不再有大批的党派喉舌受雇来对A国人洗脑，让他们与B国作对，反之亦是如此。

也不会再有大批官员守在国境线上，阻挠外国书籍和外国思想入境，而不管这些东西是多么优秀。不会再有为庇护本国小企业而设置的关税壁垒，在这些行业大企业会更有经济效益。如果人们想让自己幸福与想让邻居受苦是一样的热切，那么这一切都会很快发生。可是，你会问我，这些乌托邦的梦想到底有什么用？道德家教导我们不要只为自己考虑，但我们若是遵从这些教导，人类恐怕看不到下一个千年。

我不想以一种貌似愤世嫉俗的口吻结束本章，也不否认有些东西要比自私美好，并且有些人已经做到了。但我还是觉得，一方面，在少数情况下，比如涉及政治的时候，很多人是可以抛却个人私心的，而另一方面，如果把自私理解成一种追求自身利益的觉悟，那么很多时候人们都可直接归入自私一类。

在导致人们只顾自己利益的情形里，大多数时候他们都深信自己这么做是为了理想。很多所谓的理想，不过是披着仇恨或者权欲的伪装。当你看到人们被一些看似高尚的动机所支配时，最好透过表象问问自己，究竟是什么让这些动机产生如此大的影响。原因之一是：人们太容易被高尚的表象蒙蔽了，这种现象值得从心理学角度去探讨，就像我一直在做的那样。总之，我会说，如果我所说的是对的，那么要让全人类都幸福，最需要的一样东西就是智力。当然，这终归是个乐观的结论，因为智力是可以通过已知的教育手段来培育的。

三　预见和技能

人在各个方面都和其他高等哺乳动物有所不同，如果由人来判断的话，我们会认为，无论哪个方面人都比其他动物高级。人和动物的区别与先天的冲动和情绪并无太大关系。一个刚刚出生的婴儿和一只刚刚出生的小狗或小猫相差无几，只不过相比之下更加无助。饥饿、哭号、发怒、吃饱，这样一个过程在人类的幼儿身上和在其他哺乳动物的幼崽身上可谓大同小异。人类之所以在动物王国里出类拔萃，并不单单靠原始的激情与冲动，而在于特定的一系列能力，这些能力可以分为两大类，一类属于智力，一类属于想象力。智力和想象力都能在不对激情进行根本性改变的情况下，为其提供新的宣泄途径。令人郁闷而又困惑的是，尽管智力和想象力能使人们找到新的途径去满足欲望、释放冲动，但到目前为止，这两者都没有使人类更幸福，反而使人类的幸福感还停留在猿类刚开始进化为人的那个阶段。试比较两种典型的个体：一个是热带雨林里的猴子，像玩杂要一样熟练地从一根树枝荡到另一根树枝，采集香蕉和椰子，无拘无束地享受着穿梭其间的所有喜怒哀乐；另一个是城里某公司的员工，住在沉闷的郊区，在自然醒之前早早被闹钟叫醒，急匆匆地扒几口早餐，因为害怕惹上司不高兴而整天诚惶诚恐，晚上再筋疲力尽地回到熟悉的单调生活中。两厢一比，说实话，你还认定人比猴子幸福吗？即便如此，我们所说的这个人也比大多数人类要幸福。他不是亡国奴，不是奴隶、囚犯，没被关进苦役营，也不是饥荒年代的农民。由此可见，人们并没有像他们以为的那样明智地运用自己的智力和想象力。确有一种人类的幸福，完全不同于其他动物的幸福，人类有能力获得，而且有些人也的确得到了。试图回到动物式的纯粹幸福是没用的，因为挨饿或猝死等灾难时不时就会让这种幸福戛然而止，而能够思考的人类，活在这样的危险之中不可能幸福。可是，尽管独属于人类的幸福目前很罕见，却是几乎可以让全人类都拥有的。让人类陷入痛苦的事情是可以预防的，人类也已经知道如何来预防了。那么，为什么还没有行动起来呢？这个问题的答案既可悲，又一言难尽。下面几章将详细阐述。

让我们从一些心理学问题开始探讨，它们对于解释人类的这一巨大的愚蠢问题必不可少。首先，在激情和智力之间存在很大的区别：激情决定了人们会追求哪些目的，智力则帮助他们找到实现这些目的的手段。可是，在激情的范畴里，有一个区别常常被忽略，我指的是冲动和欲望之间的区别。当人们完全无意识地完成一个行为时，这是一种受感情驱使的冲动。首先，存在各种各样的条件反射；此外，当人们被无法控制的激情冲昏头脑时也会做出各种事情。一个人盛怒之下所做的事，如果他能思索片刻，就会意识到很不明智。一个渴得要命的人可能猛灌一通，直至严重伤及其健康。一个盼着能继承叔叔的遗产却又恨这个阔佬叔叔的人，可能偶尔会不禁流露出自己的恨意。由此可见，我们的行事都受到不可抗力的影响，就像我们忍不住打喷嚏或者咳嗽一样——大多数时候是这样，但并非全然如此。另一方面，有意识的欲望首先想到的是一种它所希望实现的情况，然后寻找手段使其成真。如果有意识的欲望占了上风，就能控制住人的冲动，因为冲动经常引发一些在有意识的欲望看来很不明智的行为。然而，这种控制是有限的。如果是一个强烈的冲动，控制起来会非常痛苦，而且当事人也不太愿意承认一旦控制不住就会导致灾祸。酗酒和吸毒的瘾君子都是很明显的例子，但还有很多例子，虽然没那么明显，却重要得多。对自己受到的伤害表示愤慨会令人愉快；把自己的失利归咎于敌人的阴谋诡计亦会令人愉快；在激情的支配下克服障碍，仿佛一切尽在掌喔，沉迷于这种感觉也会令人愉快。放纵冲动的愉快和抑制冲动的痛苦都是很强烈的，以至于人们在放纵的后果上自欺欺人。“公道必胜”“正义必胜”之类的口号，不过是冲动在向深思熟虑叫板，事实上在一场争执中，双方都会诉诸这类鼓舞人心的谎言，从而得出同样的结论说调解是胆怯的表现。

不能说对冲动的控制超过一定限度是可取的。一些极端的冲动比如杀人，必须由个体进行自我抑制，或者必须由法律予以约束。可是，如果对冲动的控制超过了一定限度，人生就会失去滋味，变得既无趣，又毫无生气。因而必须允许冲动在人生中占据一大块位置，但不应当让它生出个人自我欺骗和集体自我欺骗的巨大体系。可惜现实已然如此。

大体说来，人类会用智力控制冲动，以满足有意识的欲望。这种区别可以用非常简单的行为模式来说明。把食物摆在一只饥肠辘辘的动物面前，冲动会让它吃掉食物，那一刻和未来之间并没有那种有意识的欲望的特征。接下来，在食欲恢复以前，它不会再寻找食物。而人呢，饱餐一顿之后他会意识到自己很快又会再饿，于是就会采取措施来获取下一顿饭食。他这么做，是受欲望而不是冲动的驱使。我不想假装动物的身上没有与冲动相反的欲望，更不想假装人的身上没有与欲望相反的冲动。我想说的是，多亏有了智力，作为冲动对立面的欲望对于人类行为的影响，要多过对动物行为的影响。

智力，在人类历史上的最佳例证主要有两种形式：预见和技能。我们先说说预见。

预见是记忆的一个分支。人类不像动物那样被直接的感性环境所支配。正如我们之前谈论过的，人不饿的时候会回想起饥饿的感觉，因而会贮存食物以防万一。诚然，在某些情况下，动物也贮存食物，比如蜜蜂贮存蜂蜜，松鼠贮存坚果，但我认为我们完全有理由假设它们这么做是出于一种直接的冲动，而不是因为意识到了这些行为日后会产生令人愉快的结果。在交配方面情况也差不多，这一点想必大家都会认可。我从没听说过有人认为动物交配是出自传宗接代的愿望。的确，松鼠把坚果埋起来也是因为直接冲动所获得的快感，这与它交配的出发点是一样的。然而，人类在这方面和松鼠、蜜蜂是不一样的。人的所作所为就算不能让自己立时从中获得愉悦，也仍会去做，因为他们相信这些事会在未来回报他们。有时候，这个未来颇为遥远。《圣经》中，约瑟夫曾警示法老，7 个丰年后会接着 7 个荒年，他劝说埃及国王把丰年里多余的粮食贮存起来，以备荒年之需。当人们开始把铁路修进中西部地区，想通过它将粮食运往欧洲时，从这边翻起第一块草皮，到那边吃上用中西部的庄稼做的第一块面包，当中的时间至少也有这么长。

使得人类生活有别于动物生活的所有理由中，预见是最重要的一个，而且它会随着时间的流逝越来越多地支配人的生活。第一个真正重要的阶段是原始农业时期，它的出现是因为人们在夏天时预知自己会在冬天挨饿。通过政府、法律、军队、工具和现代机器，预见逐步提高了自己的影响力。想想资本在当代的国民经济和国际经济中的重要性吧。有些词，因为人们太熟悉了，所以没有充分了解其意涵就随便使用，“资本”便是其中之一。资本主要是生产消费品的手段，铁路可以作为一个典型例子。铁路不能吃，也不是个可以躺着睡觉的好地方。事实上，它不能实现任何直接的目的，它只是让各种东西更容易运过来供应给人们，而不是说铁路本身会满足人们的需要。至少，服务于人是它的最终目的。鉴于我们经济体系的种种复杂性，铁路还有其他相近的用途，即为铁路建造者营利。可是，长远来说，它不会一直服务于此类目的，除非这个目的能让消费者获得满足，否则，如果铁路的货运量和客运量不足，就无法营利。资本当然还有比铁路或者工厂更抽象的形式。最重要的是，资本出现了信贷形式。然而，无论哪种形式，都涉及延迟当前的消费，以便日后能更多地消费。因此，它们本质上有赖于对其存在的预见。

之所以存在资本利息，也是源于一定程度（但不太多）的事先考虑。假定我有100英镑用来投资，利息是5%，这就意味着，我至少会因为一年后将拥有105英镑而高兴，这是现在就花掉这100英镑的高兴所比不了的。如果我永远都能事先预见到什么，那么任何利率，无论多低，都足以诱使我把钱去投资，而不是一下子花个精光。人们可能会由此推论，在其他条件一致的情况下，人们越是能有所预见，利率就越低。继续探讨下去的话将离题太远，所以我们就此打住吧。

想一想，预见在多大程度上支配了一个普通的文明人的生活。幼年时，他的预见不如大人的多，但大人会把自己的预见强加给他，逼他把大部分时间花在学校，并且不得不做一些自己毫无兴趣的事。而他迟早会意识到，要想谋生，受教育是非常必要的。然后他默默接受了教育过程，不是因为冲动，而是出于预见。待到成年，他就会把时间花在一些要不是为了挣钱，他说什么也不会选择的工作上面。如果他结了婚，成了好公民，就会为了孩子放弃很多乐趣，这同样是源于对孩子未来的预见。除非他有些特立独行，否则他就会管住自己的嘴，只说有助于他被晋升的观点，隐藏一切可能被视为离经叛道的想法。如果他的抱负一如常人，所希望的不过是事业上的成功，他就会被预见支配，在预见的指引下一步步实施。最后，谨小慎微会成为他的一种本能，而其他的本能都萎缩了。这不是我在信口开河。事实上，每个文明国家的人十有八九就是这么度过一生的。

公共事务同样受到预见的支配。我们有法律、警察、公共教育、庞大的政府机构以及陆海空三军，而在整个社会结构的顶部，有少数几个极其聪明的人正在思考怎样才能最有效地消灭和他们作对的国民。的确，还有非常微乎其微的一部分财政支出除了提供消遣外，别无他用。我们建了公园，有的地方放置了秋千和跷跷板供孩子们玩耍；我们还在海边建了突堤和供人散步的空地。可是，即便是公园和突堤也没有完全逃脱令人扫兴的官僚主义者的控制。他们总是张贴醒目的告示不许你做这个，不许你做那个，却几乎从没贴出告示说哪些乐事是你可以做的。

我们谈了预见是如何通过多种方式妨碍人们获得快乐的，可如果像这样结束对预见的探讨，肯定会让人产生误解。尽管我们必须承认在很多方向上人们预见过度，但在另一些甚而是更重要的方向上则预见太少。其中最重要的就是预防战争，增加食物供应和控制人口。这些都是未来必须解决的问题，但如果不是以全新的方式预见，它们就不可能得到解决。在此我又不得不打住，不再深入探讨。

我们说智力主要有两种形式：预见和技能。现在我们要来谈谈技能在人类历史进程中的作用。

技能并不独属于人类，不少动物也拥有各式各样的技能。然而技能在人类身上所起的作用，要远远超过它在其他动物甚而是最高等的动物身上所起的作用，这种差异的程度几乎相当于不同物种之间的差异。

首先要弄清楚的是我们所说的"技能"究竟是什么意思。我所谓的"技能"是指由于一些活动能产生某些影响，人们注意到这些影响后会一再进行这样的实践。我想再补充一点，人们若不是了解了他们所期望的效果，肯定不会进行实践。技能的积累和传承都离不开语言，非常简单的情况除外。语言的起源完全是个谜，没有人知道人从何时开始说话，或者象形文字是什么时候有的，但是很显然，如果没有它们，一个人在有所发现之后要让别人知道他的发现就会困难得多。另一样完全来自史前的东西是火。农业给人类生活带来了首次真正重要的变化，它的到来很可能是意外和预见的共同作用，很快，人类历史由此拉开了序幕。据说（我不知道其中的真实成分有多少），它源于人们把谷子撒在坟墓上供奉逝者的做法。之后，虔诚的亲人们惊讶地发现谷子成熟了，又长出新的谷子。如果从预见的角度来看，亲人们观察到的现象可以视为刻意种植谷物，期望来年丰收。无论这种说法是真是假，早年在尼罗河谷、印度河流域和美索不达米亚平原，原始农业就已经大面积开始，这是有历史记载的，但尚无考古学证据。

驯化牛羊很可能发生在农业萌芽以前。和农业相比，它对人类生活习惯的改变要小得多，因为人们可以照旧过着游牧生活。从一种依靠牛群和羊群的游牧生活，过渡到农民特有的定居生活，这个过程非常缓慢，像外蒙古这样的地方甚至现在还在进行当中。家畜非常有用，比如牛羊之类的，不仅是人的衣食之源，也是牵引力之源，并能在移动中提高人的速度，减少人的疲劳。马在家畜中属于后起之秀，一开始主要用于军事，在骑马的部落和骑驴的部落打仗时，马使得前者拥有了决定性优势。

制造武器的历史可以上溯至史前时期。一开始，它有两个差不多同样重要的用途——打仗和打猎。没有人知道究竟何时我们的祖先变成了肉食者，不过，很显然，哪怕是最原始的武器也能让猎杀动物取肉变得比过去容易。随着时间的推移，武器对于战争的重要性逐渐超越了它对于狩猎的重要性，从阿基米德时代到今天，军事武器的革新已经成为激励科学进步的主要动力。

不同的历史时期，技术进步的速度是极不均衡的。在发展农业和驯化动物之后，再没有什么重要的事可以与此相提并论，这种情况一直延续到近代。在技能方面，五千年前尼罗河谷的农民与一百年以前他们的后人并没有太大区别。然而，过去两个世纪里发生了天翻地覆的变化，首先是在少数几个西方国家，然后逐渐扩展到全世界。这种转变完全有赖于各种新技能的出现。

奇怪的是，零星的知识可以蛰伏好几个世纪，然后突然之间成为文明的关键因素。古希腊人注意到了马格尼西亚城某些岩石的磁性，却未能深究下去，发明水手用的指南针①。他们还观察到了琥珀具有的某种导电性，可是只有到了我们这个时代，电力才开始在工业技术中发挥作用。很多重大发现是对躁动的好奇心的意外奖励。这方面最好的例子之一，就是首次由贝克勒尔②发现的天然放射现象。他把几块铀盐放进了一个不

① 据说中国人发明了一种“指南车”，但无从确定是否属实。

② 1852—1908，法国物理学家，1903 年和居里夫妇一道获得诺贝尔物理学奖。——译注

见光的抽屉，那里恰好有几张照相底片。之后取出底片时，他发现尽管处于一片漆黑中，铀盐还是给自己拍了照。

工业技术极大地提高了农业时代就开始有的一种倾向，即延长一种需求从产生到获得满足的过程。一只动物的觅食活动最多不超过几个小时，而一个农民，哪怕是最原始的那种，即便从开始生产食物到最终吃到它当中间隔几个月也无妨。在当今世界，这一过程变得极为耗时，也更复杂了。农民使用的机器必须通过道路或者铁路从城市的中心运来，制造机器的原材料本身也同样需要往来运输。一般说来，农民并不消费自己种的农作物，它们会被送到磨坊，然后很可能从那儿去到某个遥远的国家。这种预见和技能长期交织在一起，自始至终依赖于精心构建的社会和经济组织，它们可能会在战争期间分道扬镳，引发种种灾难性的后果。从原始温饱状态下的食物采集，到现代农业社会的食物分配，这个过程是如此漫长，其结果又是如此复杂，以至于人们几乎不可能从因智力而发展起来的整个系统中看到并记起一些先天的冲动。

现在，让我们回到本章开始时提到的一个问题：智力的增长，尤其是技能的增长，究竟是提高还是降低了人类幸福的平均水平？人们可能已经预料到提这样的问题是不合理的，既然所有技能都在于发现更简单的方法来满足我们的欲望，那么可能假定，技能的增长想必也就意味着劳动强度的减轻以及满足我们需要的途径更加顺畅。而事实上，在人类历史进程中并非如此。新技能一开始并不是人人都能平等拥有的，几乎总是被一小撮人垄断，用于加强对他人的控制。其结果是，尽管通过新技能获利的只是一小撮人，但大部分人反而变得更容易服从于少数人的权威。农业把耕种者和他的地块束缚在一起，以便对人进行奴役，而且在一切有农业的地方形成一种奴隶制或农奴制，使得土地耕种者的生活和游牧民相比，自由度与幸福度都要低得多。预见催生了政府和军队，两者建立了有利于权力拥有者的财产权，使他们能够过上奢侈的生活；而与此同时，大部分人正在辛苦工作赚取微薄的报酬，过得还不如旧社会的人。随着工业化生产传播到除美国外的世界各地，同样的故事又再不断地上演。先是在英国、法国和德国，然后是俄国、中国和日本，工业化的严酷和残忍程度可谓登峰造极。然而矛盾的是，每一种号称“节省劳动力”的设备都反而增加了劳动时间，减少了劳动者的收入。这些不幸的结果在世界各地出现皆是因为权力分配不均。对付这些人只有一个办法，那就是让全社会更加平等地享有权力。

相比之下，更难对付的是新技能的发展所造成的一种恶。每个存续至今的动物物种，必定会在自己的冲动和环境提供的机会之间维持一定的平衡。当环境在某些方向上提供新的机会时，这种平衡就可能会被打破。熊喜欢蜂蜜，但在正常情况下无法轻易获得。因此，一般说来，它们获得的蜂蜜数量对它们是恰到好处的。可是，如果它们突然学会了养蜂技术，蜂蜜就会变得想要多少就有多少，那么它们想必全都会得重病，甚而整个物种都会灭绝。这个物种唯一的希望就是形成一种禁欲式的道德戒律，宣扬蜂蜜带来的愉悦是罪孽深重的。人类在饮酒问题上与此如出一辙。如果商人获准向还没学会喝酒的野蛮人部落免费供应“烈性酒”，那么整个部落很快就会完蛋。所幸在文明人当中，酒水的酒精含量是逐步增加的，因此在每个阶段上，大部分人都能够逃过酗酒这一劫。

比这更严重的是权力冲动。大多数精力旺盛的人在很大程度上都有这种冲动。在一个松散的由食物采集者组成的原始社会里，这种人很少，很可能只是在一个部落和其他部落打仗，需要人领导时才会派上用场。可是，随着人群的不断扩大，权力冲动的范围也在扩大。于是，热爱权力的个人就会变得像突然得到过量蜂蜜的熊，或者突然可以敞开了喝威士忌的野蛮人。这就是为什么在高度组织化的社会里，以人权和民主的形式出现、精心设计的保障措施日益变得重要。

现今，权力冲动最重要的表现方式是对抗。当人们只能用锋利的燧石或长矛打斗的时候，当地球上的人类还很少的时候，部落间的争斗会以强者完胜告终，或许这就是我们所谓的“适者生存”。因此，我们无法用达尔文学说去要求人们减少对抗的冲动。然而随着各种新技能在战争中的运用，这一点越来越站不住脚了。眼下，穷兵黩武的技能是人类存续所面临的主要危险。

关于智力的弊端，我就讲这么多。不过，在它的优点中有一些是非常重要的。迄今为止，智力被主要用于增加全球人口的数量。我不知道这一点在多大程度上可以被视为好事。如果人人都很幸福，那当然好；但如果大部分人都很痛苦，那么增加受苦者的数量似乎并没有什么好处。以食物而言，尤其如此。一直以来，技术确保了食品生产的增长能跟得上人口数量的增长，但有太多意外可能会导致情况发生逆转。还出现了一个新的问题，即疾病的减少和平均寿命的延长，这无疑是技术带来的最大好处之一。智力能够让这个成为实实在在的福利，而前提是它全力以赴预防人口过剩。

权衡利弊，智力对人类究竟是福是祸，我们目前还不得而知。但有件事是很清楚的：如果智力是祸，那仅仅是因为人类还不够聪明。人不可能回到动物那种不动脑的幸福状态。人想要获得幸福就离不开智力的协助，而如果人没有获得幸福，并非因为聪明过度，而是其特有的人类品质中存在缺陷。

四　神话和魔法

人类的行为不同于动物的行为，不仅是因为预见和技能，还因为与之几乎同样重要的想象力。毫无疑问，高等动物必须在一定程度上具有想象力。人们或许注意过狗在梦见追逐猎物时的那种快乐，看上去好像北欧神话里的英雄一样。可是，对于动物的想象力究竟已经达到何种程度，人们仍停留在猜想的阶段。显然，动物的行为并不像人类那样，在很大程度上受控于广泛的信仰，而后者的来源是想象力。

人类是依据什么来决定相信这个或那个呢，通过考察我们发现这些依据可分为两类。他们可能会相信那种不仅经得起科学论证，还能在法庭上站得住脚的东西；或者他们之所以相信什么，仅仅因为他们认为自己的感觉是对的。正如丁尼生所说：

在信仰酣睡时分，
我听到一个声音“别再信了”
还听见波浪不断拍打海岸
在不信神的深渊里翻滚而下。
胸膛里的一片暖意会融化
凝冻理性的更冷部分，
就像一个暴怒的人，心灵
站起来回答“我感觉到了”。[①]

在丁尼生的时代，心灵感觉到的是一个自由教徒的信条。而在更早的时代，心灵感觉到的是女巫应当被烧死，儿童应当被生祭，父母应当被吃掉。支持丁尼生信念的证据，并不比支持人类更早时期的信念的证据好或者坏。总体说来，随着人类越来越文明，证据的范围在信念形成过程中日益扩大，而想象的空间在缩小。然而，即使是在最文明的社会，想象力在决定相信什么和支持何种制度方面仍然起着极大的作用。

想象力让人相信的东西，如果真的可信，不过是侥幸而已；尽管如此，它们仍对人类的生存至关重要。能在科学意义上被认知的事物并不容易获得，如果没有缺乏科学依据的轻信的帮助，人就无法延续下去。轻信当然会导致灾难，比如老鼠

① 出自英国桂冠诗人丁尼生（1809—1892）的名作《悼念集》（1850）。——译注

会吃下拌有老鼠药的食物，但如果它们在吃东西以前对自己的食物进行科学分析，那就会饿死，所以才在牢记教训后再度犯险。然而，没有根据的信仰可能会有用，不只是在这样的基本方面，还在于提供一些假设，这些假设日后可能被证明具有科学性。想象力不仅在艺术和改善人类关系方面很有价值，在科学最纯粹也是最枯燥的部分以及抒情诗里，它同样不可或缺。我以此作为开场白，是因为接下来我要说的东西有很大一部分是关于有史以来，没有根据的想象滋生出来的信仰所带给人类的灾祸和苦难。

想象本身无关信仰。诗人也并不认为他们虚构出来的东西具有现实性。

想象会把一种形式
赋予不知名的事物，诗人的笔
再使它们具有形态，并给空虚的无物
一个居处和一个名字。

但是，正如莎士比亚随即指出的那样，充分生动的想象力引发了对被想象事物的信念：

强烈的想象会变这样的戏法，
只要一领略到一些快乐，

就会相信那快乐的背后有个赐予的人；
夜间一转出恐惧的念头，
灌木一下子就变成了狗熊！[①]

人们也许猜测想象力对于人的信仰的影响是由梦开始的。梦有时是如此生动，显然被赋予了重要意义，即便是受过科学训练的人也会发现很难摆脱它们，或者很难拒绝承认它们对即将发生之事的明显意义。在古代，几乎没有人怀疑梦作为征兆的重要性；尽管我们当中的很多人没有刻意接受这种古代的迷信，还是可能发现某个异常可怕的噩梦一整天都沉甸甸地压在我们心头。弗洛伊德宣扬一种理论，即梦是我们表达自己愿望的方式。这对于一部分梦而言无疑是成立的，但我认为，梦同样会流露出我们的恐惧。弗洛伊德用来回避这个结论的观点在我看来过于愤世嫉俗。他认为，如果你梦到你最好的朋友死了，那就说明你其实是恨他的，恨不得他一命呜呼。在我看来这是胡说八道。他还说，是人的内心所想导致其梦见自己遭受酷刑折磨。这显然就更荒谬了。这件事并非不重要，因为人们正是根据梦境，还有与之同源的白日梦，才造出了魔法、礼仪、神话和宗教的巨大体系，它们对人类生活的深刻影响绝不逊于技能和观察，后两者正是科学知识发展的依据。几乎无一

① 此节连着上节，出自莎士比亚的《仲夏夜之梦》第五幕第一场。——译注

例外的是，在触发这些体系——从伏都教到加尔文神学——的所有动机中，恐惧占了上风；尽管愿望的达成已经教给人们如何避免所担心的事物，但恐惧本身在很大程度上还是脱胎于想象。

我不假装这种想象出来的信念总是如此。其中的一些并没有太多感情内容，但却让信徒感受到人所期待的那种东西。我家的客厅侍女相信，三月出生的人会特别喜欢玉米。亚里士多德认为，地鼠的啮咬对马很不好，特别是怀孕的地鼠。大多数没有受过教育的人都相信，天气是受月相[①]影响的。毕达哥拉斯认为，起床后身体睡过的印痕还留在床上是很危险的。很多英国人甚至相信自己就是“失踪的以色列十支派”[②] 的后代。诸如此类的信念可以无限增加，尽管并不具备某种深厚的感情基础，但是一般说来，对社会也是无关紧要的。

社会上颇为重要的非理性信念几乎都源于人性中的某个方面，即倾向于认为凡是对个体或种族的情感具有重要性的东西，在外部世界必有因果方面的重要性。人的性情和境况各

---

① 天文学术语，是指在地球上看到的月球被太阳照亮的部分。月亮每天自西向东移动，其形状不断变化，这就是月亮位相变化。——译注

② 古代希伯来人十二支派中的十个支派。希伯来人反抗所罗门的继承者雷霍博，建立了独立王国。这个王国即以色列，它位于犹大和便雅悯这两个保留支派所占领土的以北地区。两支派一起组成犹大南部王国。公元前 722 年，北部王国被亚述人征服，所属十个支派被驱逐，逐渐为其他民族同化，他们的民族本体由此丧失。——译注

异，有些人会觉得这个世界不可能残忍到会去阻挠他们的热切希望，而另一些人身上则充斥着恐惧的激情，他们期待自己恐惧的事情发生，并发明神话来使自己的顾虑合理化。这两种错误都源于自以为是。外部世界不可能对于我们的希望和恐惧毫不在意，我们可以想象它是善意的，也可以想象它充满敌意，但大多数人在很多时候发现，几乎无法想象外部世界并不关心我们的愿望是达成还是破灭。

这和另一个非理性信念的来源有关，即倾向于认为自然界的种种现象必定事出有因，比如某种类似人类欲望和情绪的东西。火山爆发和地震看起来像是愤怒的证明，于是我们想象是一位怒气冲冲的神所为。另一方面，一位好心的神送来雨水让庄稼生长。没有生命的事物是很难想象的，如果我们想象森林里住着树精，泉水里住着仙女，对它们的困惑就会少些。在伽利略的时代之前，人们一直认为事物的不停移动是不可能单靠它们自身来实现的。亚里士多德认为，众多行星需要 49 个，也许 55 个神不停地推动它们在轨道上运行。纯粹自然的自我因果关系的观念是非常现代的，只有抵制住我们想象的信仰体系的诱惑它才能胜出。

没有观察或理性基础的信念，会反映出其发明者受何种激情支配。由此看来，人类历史是极其黑暗和可怕的。迷信所引发的行为通常很残忍，人类发明的神话大都把想象出来的苦难累加在现实的苦难上。野蛮人仪式上的舞蹈让人毛骨悚然，这往往是诸如人祭之类不必要的残忍行为的前奏。在对早期人类或是当代野蛮人的描述中，你会发现有无数的残酷行为加诸他们身上，因为这有助于一些人达到他们的目的，可是你很难找出任何来自非理性信仰的仁善风俗。基于迷信的残忍在古希腊—罗马时期不如在更早之前那么盛行，尽管毫无意义的残忍非常普遍，比如古罗马的角斗表演，但综观整个欧洲黑暗时代[①]和中世纪，源于迷信的残忍再次广为传布，尤其是对于异教徒和女巫的宗教迫害。

大多数宗教中的神话表达了对死亡的恐惧。基督教之前的大多数宗教告诉人们，那些死去的人即便还活着，也不会活得快乐。近代，基督教告诉人们，绝大多数人会永生永世受折磨。如今，教会不再这么说，巫术和异端思想也不再像过去那样受到迫害。也许人们会从这些变化当中得出结论说，恐惧和残忍对于现代人的影响远没有它们在几个世纪之前的影响那么大。无论如何，我想有些人会认为这种说法适用于西方诸国、印度和锡兰。

历史表明，大多数时代和相当多地方的人对于幸福都有一种非理性的恐惧，由此引发了无数不必要的痛苦。我想，我会

① 黑暗时代的概念由意大利学者彼特拉克在 1330 年代提出，原本是为了严厉批评当时的拉丁语文学。后指在西欧历史上，从罗马帝国的灭亡到文艺复兴开始的一段经济文化衰落、社会崩溃时期，亦称为中世纪前期。但 19 世纪以来，这一说法引发了争议。——译注

浅薄地把这种对幸福的厌恶视为只适用于他人的幸福。大部分人的天性里潜藏着一种恐惧，觉得自己的幸福很危险。禁欲的冲动有着很深的根源。希腊人敬畏复仇女神，觉得狂妄自大会招来惩罚。我们中的大多数人都害怕炫耀自己的健康或者财富，这源于一种迷信，觉得这么做会带来厄运。即便我们确信这是站不住脚的，它还是在我们身上留存了下来。可是对现代文明人而言，这不过是那些早年主宰过各种人群的狂热自卑感的幽灵。在基督教世界以及印度，禁欲的生活一直是圣徒的标志，而至高无上的神圣性一向只归禁欲者享有。人认为会取悦众神的那些东西，也映射在他们自己的感情上。为什么闪米族的神摩洛会乐见人们以儿童献祭？我认为，其中一个解释必定是人们视幸福为恶，而将这种想法加诸野蛮人的神身上看起来就合理多了。对于这个以及其他宗教的献祭，另一个解释是，人们以为神必然珍视人认为宝贵的东西，所以他们把自己最宝贵的东西忍痛割爱地敬献给神，以此证明他们是虔诚的。同样的情绪，尽管在形式上不那么残忍，也成为基督教虔敬的一部分，并有赞美诗为证：

如果你要教我让出
我最珍视的东西，那它从来就不是我的。
我只让给你属于你的东西。
如你的意旨所愿。

为什么圣奥古斯丁认为未受洗的婴儿都要下地狱？我想，这并非出于对婴儿的恨，其心理根源是对自己的仇恨。恨自己是一种情绪，有时比我们所认为的要普遍，它很容易以施暴他人作为宣泄途径。把子女献给摩洛神的人觉得自己活该受神的惩罚，不过他希望他的孩子受罪能让神满意。

罪恶感或负疚感是整个情感体系的一部分，它们与主宰和被支配这对相关又相对的欲望有关。大多数人两者兼而有之，只不过有些人是这个欲望更强些，有些人是那个欲望更强些。受人支配与主宰他人的愿望几乎一样，都是深刻的、自发的。只有两者并存，才使社会不平等这一体系持续存在多个世纪成为可能。国王、教士和贵族之所以存在，是因为一些人在命令他人中找到快乐，而其他人则显然在服从他人命令中找到了同等的快乐。即使是那些有绝对权力的人，也乐于相信天上有一干神明或某个神祇，权力甚至比他们还要大，自己理应对其俯首听命，一如自己的臣属理应对自己俯首听命。在所有具有实力的社会机构中，都有这样的等级秩序，领导者在一级，追随者在另一级。而宗教信仰领域尤其如此。那些发明宗教或者使宗教被广泛接受的人都很杰出，宗教在他们身上起到的作用要远远大于在宗教氛围最为浓郁的社会里凡夫俗妇的身上起到的作用。杰出宗教领袖身上的特质因人而异，因宗教而异。其中一类的身上，无论是领导冲动还是服从冲动都格外强烈。我认为罗耀拉[①]或许可以视为这类人的一个典型。对于一个有这种心态的人而言，罪的概念以及与此相适应的神话环境是非常恰当的。对某个神明或者众神而言，他本人是个不幸的罪人，他可以屈尊关起门来独自祈祷，不在其他人面前丢脸；可以放弃享乐，甘愿受苦，以求得宽恕；他相信这些苦难怎么也比不上地狱里的苦难，作为地狱之苦的替代，它们是可以承受的。这样，当他用想象创造出上天的权力时——相比之下，他可以承认自己不过是条虫——他的服从冲动完全得到了满足，却不会对他的统治冲动产生任何阻碍。相反，由于所有人都是有罪的，而他正同自己的罪进行着英勇顽强的斗争，所以他完全有权把通过自我约束获得的品格力量用于约束他人，这对他而言有着同样的愉悦。他自己是禁欲的，推己及人，因而他很容易胜任剥夺他人快乐这种事，他自己则早已放弃了这些快乐。尽管对我们而言，他可能看起来不懈地追逐权力，可是在他为自己划定的良知范围内，却是致力于推崇美德的。大多数严厉的道德家习惯性地认为快乐不过是种官能，当他们戒绝感官愉悦时，并未注意到权力的乐趣——这对男性的气质而言更具吸引力——没有被纳入他们禁欲式的自我否定之中。这种心理在强势的人当中的普遍存在，使得罪恶之说如此流行，因为它把对

① 1491—1556，西班牙神学家，耶稣会创始人，罗马天主教圣人之一，反对马丁·路德等人领导的宗教改革。——译注

上天的谦卑和在尘世中的我行我素完美地结合了起来。罪的概念对今人想象力的影响已经不如中世纪了，但仍然支配着很多牧师、地方法官和学校校长的思想。当阿诺德博士在科莫湖边散步时，映现在他脑子里的可不是眼前的美景，他告诉我们他在沉思道德上的恶[①]。我倒认为，令他陷入忧心忡忡的反思的恐怕是男学童们道德上的恶，而非公学校长道德上的恶。不过，也许这恰恰使他产生了不可动摇的信念：鞭打男童能促其上进。相信“罪”之说，总是给有德者以丰厚的回报，其中之一就是让人有机会把痛苦强加于他人，自己却不受良心谴责。

通过发明神话，人类用自己的想象力创造出了一个与我们的偏见相呼应的宇宙。在这个宇宙中，两者之间的关系是热烈的，是对爱恨的表达；在这个宇宙中，人们抚慰上天权威的手段正是他们用在尘世君主身上也很奏效的那些；在这个宇宙中，人类情感的全部色彩都被投射在斑驳混乱的外部世界。我们爱，因此众神可能是仁慈的；我们恨，因此众神可能是残忍的；我们希望服从无可置疑的权威，因而我们是虔诚的；我们希望发出无可置疑的权威，因而相信自己是神的代言人；我们感到恐惧，于是匍匐在地；我们心存希望，于是仰望上天。每一种情绪反过来都在神话中找到了它的体现。害怕使人们对鬼

① 在基督教神学中，“罪”不仅指错误的行为，更指人与上帝的疏离；“恶”则有两类：道德上的恶和自然的恶。——译注

魅产生恐惧，希望使人们生出了对天堂的预期。如果发生了地震，那是因为我们有罪；如果庄稼丰收，那是因为我们虔敬神明。外部世界因果关系的整个过程与我们自己的感受是一致的。并非一切都会如我们所愿，但是，当事情并不如我们所愿时，那是由于高高在上的神灵降怒于我们。世界就像一个吵吵闹闹的大家庭，有时让人心烦，但始终温暖闲适，像家一样。

在过去4个世纪里，科学逐渐呈现给我们、让我们接受的世界是非常不同的，而且给出了截然不同的凭据。科学人士要我们相信它，并不是因为它是我们所预期的，而是因为它是我们所发现的；并不是因为诗意的视界提示我们它们的存在，而是因为事实的缓慢累积使之变得可能。人们发现，物理学对物质世界的探究越深入，世界就越和我们所能想象的任何东西都格格不入。尽管我们只有通过各种感官去了解物质世界，但目前看来，我们仍然得出这样的结论：物质世界极有可能与我们感知到的世界完全不同，我们所能了解的最多的是它抽象的逻辑结构。想象没有被完全摈弃，但它现在如同立宪君主一样，无法再自由地生造出东西，而是被限制在科学方法所允许的范围内。它也确实在此间找到了自己的新天地。但丁可以在24小时内穿越他那个时代的宇宙，可是现代天文学家的宇宙，即便你以光速移动，也要花上好几百万年才能穿越；在它的最外层之外，有着数不胜数的星云，每个都像银河系一样浩瀚，它们正不断坍塌，陷入茫茫的宇宙深处。这个天文学意义上的新世界浩瀚而又冷酷，没有一处能让渴望人间温暖的人找到慰藉，因此，推崇古代制度的人抱怨唯物主义，说科学正在抛弃精神价值。持这种观点的人则迫使自己忽略神话对人类干过的好事——人祭，举行残忍的仪式，把人绑在火刑柱上烧死，惩罚求知者，经年累月地进行着。他们不得不忘掉残忍，忘掉恰恰是人以自己的形象塑造了神，又把残忍归因于神；他们不得不忘掉地狱以及对地狱的恐惧，还有多少个世纪以来，恐惧压抑人的精神所造成的病态痛苦；他们不得不忘掉，神话世界的残忍被清除是在对科学不情愿的回应中发生的。而今，知识已经摧毁了以神话为借口的残忍，解放了人类。

有人可能会说，所有这一切只适用于过去的科学，现在已经不适用了；或者科学如今已经进入了一个新阶段，它的毁灭性对于人类的威胁甚至远比最最黑暗的迷信时期的情况还要糟。这种危险确实存在，任何一个有理智的人都不会小觑它，但如果要战胜它，不会是靠重拾古代神话或者默许当今的神话，后者正带领人类走向毁灭。如果人类得救，一定是借助于更多（而不是更少）的科学；一定是通过理解人类及其种种冲动，并发现各种途径将人的冲动引向幸福和满足，而不是像过去和现在这般引向始料不及且不愿看到的灾难。

五　凝聚与对抗

社会制度有两个主要的人性根源：在内部，发号施令和听命于人这两个相互关联的冲动决定了社会等级制度，并赋予政府权威；在外部，凝聚和对抗这一对冲动是决定性因素。合作的冲动和对抗的冲动同样原始。物种的生生不息需要雄性和雌性的合作，而且在幼儿期延长的所有地方，比如人类社会，就必须具备某种家庭性质的东西。我们由前人类的祖先那里继承了家庭这一形式，它也许是唯一一个完全符合自然冲动的人类群体。但是，家庭的界限并不明确。那些源自同一个祖父母的人可以视为一家人吗？如果回答是肯定的，那么有着同一个曾祖父母的人呢？哪怕是最高等的动物也不能与人类相比，因为人类能够延续传统。即便极为原始的部落也会背诵长长的族谱，给非常遥远的后代保留一份血缘关系记录。通过这种方式，家庭发展为部落，部落则会作为一个整体来迁移，如果他们是游牧部落的话。然后逐步发展出一位首领或者一群族老的权威，遇到困难时，人们听从他们的决定。正是通过这种方式，超越家庭的社会凝聚力的第一次延伸发生了。进一步的延伸主要是对抗的结果。在大自然中成长起来的人觉得自己部落的成员都很好，除非他因为某种特殊原因和他们发生争执；而其他的部落都很坏，除非为了对抗共同的敌人有必要暂时结盟。显然，在战斗中，更大的部落可能更有胜算。如果两个部落结盟，那么在结盟期间，它们将有能力打败单打独斗时彼此都无法战胜的敌人。因此，出于自身利益的考虑，人们倾向于扩大社会集团的规模。渐渐地，自身利益被社会凝聚的其他来源不断强化：共同的祖先被发明出来；共同的信念（也许一开始由政府强制推行）逐渐被公众接受；对共同的敌人的恨也是一种情感纽带，因为我们会对我们仇人恨的人产生好感。这样的集团一旦形成，就可以来庆祝共同的荣耀了。如果集团面临来自外部的危险，他们就会基于同样的恐惧而团结一致。通过各种方式，比部落大的社会单元逐渐拥有了共同的情绪、共同的希望和共同的恐惧；假以时日，他们便能统一行动，像一个原始部落那样。

这样的过程导致了民族的形成，国家的形成则通常是基于另一种不同的方式。大多数国家都是通过征服而崛起的，大部分臣民之所以服从权威，是因为必须如此，而不是因为和他们的统治者有任何亲缘关系。也许古埃及在某种程度上是个例外，尽管它最初是由上下游的两个独立王国统一而成，但尼罗河具有如此强大的整合影响力，以至于很容易维持共同的情感和共同的信仰。这一点有事实为证：除中国之外，埃及可能是已知的、历史最悠久的国家。巴比伦从来没有像它一样的稳定，不是落入这个城邦之手，就是被那个城邦统治。而美索不达米亚在整个古代历史上战事不断，其程度远远超过埃及。

由征服缔造的伟大帝国时期始于居鲁士大帝[①]的东征西讨，经由亚历山大大帝和罗马帝国绵延约 1 000 年的征战而延续。其间，征服者的军队看上去势不可当，一位伟大的军事统帅能收服的领土似乎是没有止境的。波斯人在军事和行政管理之外并没有什么深远的影响，然而先是希腊人，再是罗马人，都把自己的文化传播到他们获得的领土上，除了犹太人，所有臣民都完全接受了外来文化。罗马帝国在安东尼王朝时期几乎具备了现今所谓民族国家的特质。东西方的分裂，后来很快成为一种破坏力量，然而在当时还没有发展到危险的地步，主要是因为罗马人推崇希腊人，甚至连一位罗马皇帝也偏爱希腊文的

① 亦称“居鲁士二世”，古代波斯帝国的建立者。出身波斯部落联盟首领阿契美尼家族，公元前 558 年继承父位，致力于对外扩张，先后征服中亚低地南部和伊朗高原东部。前 539 年，一举攻灭新巴比伦王国，因对异族实行相对宽容的统治政策，巴勒斯坦、叙利亚和腓尼基等国纷纷归附。前 529 年出征中亚游牧民族时因伤致死。其在位期间，创建了史无前例的特大帝国，对古代世界各民族之间的经济文化交流起了重大的推动作用。——译注

书。倘若罗马帝国各个机构的管理者更有智慧和进取心，也许地中海世界，包括高卢、英国和西德仍是一个统一的国家。尽管内部有种种问题，但罗马帝国的灭亡并不是从内部开始的，而是来自外部敌人的打击；作为一个实际存在的统治者，罗马帝国在西方已经不复存在了很长时间，但仍然残存在人们的情感里。这是一个值得注意的例子，它显示了借由从军事力量开始的手段是如何保证社会凝聚力的。

罗马帝国灭亡后，西方在很长一段时间里陷入了无政府主义的竞争规则，这种对抗对于西方的主宰一如早前几个世纪的社会凝聚。英国、法国、西班牙和意大利分裂成许多小王国，在经历许多曲折之后，凝聚才又渐渐地重新开始占据上风。查理曼帝国的存在时间不长。神圣罗马帝国的皇帝们和法国国王们对于他们名义上的封臣并没有多大权威，但区别在于，前者从未获得有效的权威，后者最终如愿以偿。斐迪南二世和伊莎贝拉女王的结合，使他们二人统治下的阿拉贡与卡斯提尔合并，再加上驱逐摩尔人，西班牙最终形成统一的实体。与此同时，英格兰摆脱了早期撒克逊人入侵时的混乱，在王朝好运的庇佑下与苏格兰联合。大航海时代催生了好几个新的帝国，每一个都比罗马帝国幅员辽阔，但都不如罗马帝国稳定。法国、英格兰、西班牙则先后失去了它们在西半球获得的绝大部分领土。

伊斯兰世界的历史也发生了同样的断裂。哈里发帝国分裂成很多小国，尽管（除了摩洛哥和西班牙以外）它们名义上都在土耳其的统治下，却再也没有实现真正的统一。迄今为止的人类历史长河中，很难辨别出任何朝着日益凝聚或者日益对抗的方向发展的进程，唯有这两者的此消彼长貌似是可辨的。近代的绝大多数时期依然如此：奥匈帝国瓦解，大英帝国分崩离析，甚至连印度半岛——人们可能期望它会维持自身的统一——也被彼此不共戴天的国家一分为二。读者应该知道故事讲到这儿还没有结束，可是我眼下只能讲到这儿。

不过，我们把目光从政治转向经济和文化，就会发现情况大不一样了。世界的经济差异要比政治差异小，在两次世界大战以前，经济差异一直稳步减小，商业关系遍布全世界，原材料、食品和工业产品的交易受政治立场的影响越来越少。从公元前 6 世纪小亚细亚的爱奥尼亚城邦时代，直到差不多今天，商业始终在促进人类文明的发展。罗马帝国和亚洲各地都有商业往来，包括中国。整个帝国时代，意大利的绝大部分食品都是进口的。当帝国瓦解后，罗马的道路都荒废了，成群盗匪横行乡村，每一个小区域都被迫自谋生计，结果人口急剧下降，文化几乎消失殆尽。渐渐地，商业开始复兴，先是意大利人的商行，后来是荷兰人的、英国人的；就像古代一样，艺术发展、科学进步和社会生活里的文明随着商业的发展而出现。可以毫不夸张地说，以经济的视角来看，1914 年以前的世界是一个一元化的整体。

在文化领域也出现了一个统一的运动。一个共同的文化所能产生的社会凝聚几乎可以媲美一个共同的政府所能产生的。当人们首次入住城市，每座城市都有它自身的文化。上埃及和下埃及各有自己的神，巴比伦和乌尔[①]也是如此。可是当城邦联合成帝国，各城邦的宗教也汇成了万神殿，从而使这个被同一种文化所覆盖的地区随着国家的扩大而扩大，其速度甚而超过了国家。希腊人尽管政治上不统一，却有着共同的文化。佛教通过在中国、日本、缅甸和锡兰的传播，创造了文化上的统一。大致说来，希腊化时期的文化混合了希腊元素和巴比伦元素，扩展到亚历山大大帝征服的多个地区，尽管这些地区分裂成了几个独立的国家。希腊化时期的文化精华在罗马帝国的文化里延续，直至君士坦丁大帝的时代。罗马帝国灭亡后，基督教在西方的存续是一种共同文化能历经政治分裂而得以幸存的一个最显著的例证。与此同时，曾经笃信基督教的东方疆域大多落入了伊斯兰教之手。整个中世纪有两种地中海文化共存，即基督教和伊斯兰教，而不像罗马帝国时期那样，只有一种。实际上，考虑到东西方基督教会之间日益扩大的分歧，几乎可以说有三种文化。

西欧文化在整个黑暗时代和中世纪早期都受到疆域的限

① 6 000 年前，古巴比伦的苏美尔人选择在底格里斯河与幼发拉底河之间美索不达米亚平原上建造了乌尔城，这是世界上最早的城市，也是苏美尔文明的主要崇拜中心。——译注

制，而在智力上所受的限制要多过伊斯兰文化的限制。文艺复兴时期的到来，使它突然获得了新的生机，新的威望，巨大的新地盘。这几样东西都得归功于一定的心理素质、进取精神、科学以及比其他文化优越的政治制度。整个西半球都落入它的影响之下。传教士使它在远东也受到尊敬。在印度，它获得了政治上的统治权。曾经推翻了多个基督教国家的土耳其人先是被遏制，然后被驱逐。

许多研究不同文化的人都没有意识到，西方传播到世界各地的文化之所以这么强势，并不在于犹太教—古希腊—罗马结为一体所构成的传统基督教，而是因为一些在15世纪晚期才开始变得重要起来的因素。在世界上的其他地方，西方给人们的印象首当其冲的不是基督教，而是不断进取的冒险精神、科学技术、无情的军事效率，以及19世纪的某些自由的理想和宪政制度的实践。在1914年以前，这些观念的传播看来是大势所趋，不可抗拒。俄国政府企图维持一种传统的专制制度，但在革命党的威胁下被迫于1906年迈出了向议会制发展的第一步。古老的中华帝国已经延续了2 000多年，却被那些受了西方教育的人以革新的激情推翻了。日本一直极端保守和与世隔绝，却开放港口同西方进行贸易，并（或多或少）接纳西方思想。人们完全有理由期望这个过程继续下去，直到全世界实现文化上的统一，而杰斐逊和麦考利的想法不仅可以去印度宣扬，还可以在西藏高原以及非洲丛林最黑暗的角落鼓吹，毫无矛盾。

要是欧洲没有把自己的军事优势（实际上）花在内战上，这些无疑都会成真。欧洲向世界展示了这种愚蠢的景象，因而威望扫地，其他几个大陆则鼓起勇气开始宣扬自己的文化独立。

我们这个时代，如同西罗马帝国灭亡之后的情况一样，是个文化断裂的时代。而苏联的共产主义一如先知创立的宗教，是一种前所未有的好战信仰，其征服的大片土地上之前信仰的是基督教。中国没有回归其古代传统，而是决定拒绝大部分的西方学说。非洲处于骚动状态，最终会出现什么结果还是个疑问，很可能被证明是逆转回原始的野蛮状态。印度仍然保留着许多英国遗产，但其思想水平并非不可能在保守的神学家的影响下回到它在达·迦马时代之前的那种状态。当今世界就像欧洲黑暗时代一样，充斥着战争和关于战争的谣言，还有快速的文化倒退。

经济上的断裂伴随着文化乱象的加剧。在共产主义和非共产主义国家之间鲜有贸易往来，即便是非共产主义国家也越来越倾向于自给自足。人们觉得，既然工业化能增强军事实力，每个国家都应该尽快让自己实现工业化。这就要求提高关税，缩减商业，减少食品供应，并使人口猛增。这种事态发展下去将会加剧信仰之间的冲突，引发经济灾难、饥荒和战争。避免这些恶果的唯一办法，就是人类下定决心用一种理智的方式处理问题，而不是像现在这样普遍的愚蠢荒唐。

19 世纪的西方拥有基督教、宪政制度、商业和科技。前三者都被世界其他地区拒之门外，唯独科技被接纳了，这是当今全球文化中唯一一个真正的国际化元素。涡轮机和氢弹对于铁幕[①]两边都同样重要。一位从铁幕的这边（或许是自愿，或许并非自愿）转投到那边的科学家能够立即开展工作，找到他以前喜欢的实验室设备。这种科学领域的统一是相当独立的，不受其他一切领域各自为政的现象的影响。为苏联制造炸弹的人，正在帮助他们建立“无产阶级专政”；为美国人制造炸弹的人，正在帮助他们建立“山上宝训的训导”。可是，尽管这两个人各自支持的文化之间有着巨大的隔阂，只要他们仅仅谈论科学和技术领域就可以交流，暂时忘却他们之间的意识形态分歧。至少在这种情况下世界仍然是统一的。

世界前所未有的统一还得益于一个重要因素，它与信息有关。在哥伦布之前，墨西哥人和秘鲁人并不知道彼此的存在，欧洲对西半球也一无所知。整个黑暗时代，中国对西欧人思想的影响微乎其微，日本则对他们毫无影响。当大多数人还是文盲时，能阅读的人所知道的东西是绝大多数人一无所知的。如今，随着报纸和广播的普及，任何地方一旦发生大事很快就能

---

① Iron Curtain，该词出现于一战之后，时任法国总理克莱孟梭在众议院宣称，“要在布尔什维克主义周围装上铁幕”。1946 年 3 月 5 日，英国首相丘吉尔在美国发表演说时首先公开使用了“铁幕”一词，此后西方资本主义国家用“铁幕国家”来蔑称社会主义国家。冷战时期，“铁幕”将欧洲分成两个受不同政治影响的区域：东面属于苏联（共产主义）的势力范围，后来组成“华约”；西面属于美国（资本主义）的势力范围，后来成为“北约”。——译注

传遍大多数文明国家，为大多数人所知。不过，这个结果并不像一两百年前投身启蒙运动的人所料想的那么好。传播得最快、最广的新闻是那些刺激性的内容，而最为刺激的就是仇恨和恐惧。结果，关于我们潜在的敌人，我们获知的并不是他们有着与我们一样的人性，而是他们的各种罪行和邪恶。对于潜在敌人的恨与恐惧是人的一种与生俱来的情感，并且有着悠久的历史。如果它们不主导各种共同体之间的关系，那么不同的共同体必定要么彼此不知道对方的存在，就像阿兹特克人和印加人一样（但这现在已经不可能了）；要么关于遥远共同体的信息无法造成人们的惊骇和恐慌。但是如此缓解对于仇恨的煽动，眼下希望渺茫。

军事领域近期的发展特征，既不是完全的瓦解，也不是完全的凝聚，此刻它或许比我们所考虑的任何事情都重要。以军事视角来看，世界上有两大阵营：共产主义的阵营和西方列强的阵营。从原始部落的第一次冲突到今天，凝聚与对抗始终在共同发挥作用，它们通过一个可怕的不可避免的过程逐渐到达一个平衡点，在这个点上，它们各自都获得了最大的发展，而这种发展是与对方的存在相容的。凝聚越多，获胜的机会就越大；对抗越多，在每个集团内部实现凝聚的动机就越大。这两种力量的运作，如果有足够的技术效率，就自然会导致两个相互对抗的集团中的一方或另一方的军事力量集中。反过来，如果对抗持续，技术效率也持续提高，最终除了同归于尽之外，不会有其他出路。要想结局不那么悲惨，对抗就必须学会以不那么具有毁灭性的方式进行。比如，人们能找到一种愉快地杀死彼此的方法吗，就像在体育比赛中打败彼此一样？又或者，他们能学会满足于艺术和科学领域的竞争以及日常生活的愉悦吗？再或者，他们能学会满足于一种从恐惧和凶残这对相互关联的冲动中解脱出来的生活吗？我不知道。但如果答案是不能，那么我们这个物种注定要灭亡。

六　科学技术和未来

原子能的用途是人类有史以来最重大的发现之一。迄今为止，人们的注意力主要集中于它在战争中的重要性，而忽略和平利用它的可能将犯下大错。原子能很快就会为人类提供新能源，尤其适用于陆、海、空交通运输系统。它也已经证明了自己在医药方面的价值，其治愈的人数迟早会和它将杀死的人一样多。其他更可观的可能性在于未来。苏联政府已经提出用原子能改变叶尼塞河的流经路线，从而把大片沙漠变成肥沃的平原。也许融化北极冰川，彻底改变北方诸国的气候也是迟早的事。但这些可能性目前不过是猜想，可以相当确定的是，在很多方面，原子能会替代煤和石油成为一种新能源，从而使生产率更高。

如果能确保和平使用，那么当它能通过多种方式提高劳动生产率时，对人类来说不啻为一件好事。可是，在战争或者战争的威胁近在眼前时，任何能提高劳动生产率的东西都会带来不幸，因为它将释放更大比例的国家能量用于消灭彼此。由此看来，发现释放至今仍封藏在原子核内的能量的各种方式，是人类有史以来一个十足的不幸。这种情况是否会延续下去，取决于各个民族和国家是否有能力进行自我调整以适应一种全新的形势。杰出的科学人士认为，如果不遏止原子战争，那么很可能在本世纪结束之前，人类，或许还有所有的动物就会被彻底消灭。最杰出也是最强调自己观点的科学家之一爱因斯坦即持此说。传统的治国之道里没有任何东西让政治家或者他们所代表的公民有能力应对这样一种威胁。从人类第一次被组织成武装国家起，就有了一条简单的规则：打造你的武器装备，使之胜过任何你可能不得不与之一战的敌人的武器装备，如此一来，要么吓得对方不敢不寻求和平，要么一旦对方决定开战你就已胜券在握。由于双方都以此为指导思想，使得战争达到了现有工业水平所能达到的最血腥的程度，但迄今为止它既没有分出胜负，一般说来，也没有对中立者造成任何重大的危险。在不久的将来，除非采取新的政治策略，否则这些状况都将不复存在。我不是说如果战争明天爆发，它们就必将不复存在，因为如果双方都在战前用完了自己储备的原子弹，那么世界上可能还有人类幸存下来；还有一种可能就是在战争过程中，各方都干扰对方，阻止其制造新的原子弹。但是，人类幸存的希望是渺茫的，而实现这种希望的前提不仅是昙花一现，并且会迅速消失。随着科学技术的进步，原子弹的杀伤力会变得越来越大，而制造成本会变得越来越低。当原子弹的数量足够多，它们会产生有放射性的云彩，随风飘散，无视各种政治界限，把死亡带到一个又一个地方。如果人类继续一成不变地沿用过去的治国方法，这就是人类的未来。

当人们思考科学可能导致的灾难时，原子弹和氢弹目前仍然排在前列，尽管如此，没有理由认为它们造成的危险要比其他科学研究的产物造成的危险大。细菌战还没有付诸实践，但铁幕的两边都在慎重考虑。有些人宣称在一个小瓶子里装进致命的微生物，其剂量足以毁灭整个人类。目前还不确定这种方法能在实战中成功运用的程度，但是不可想当然地认为必要的发现将在很久以后才出现。一些多愁善感的人强烈反对这种方法，理由是在敌国传播的疾病可能会越过边界殃及他国，而我认为，危害性的增加可能会阻止这种不幸的发生。收押战俘的做法不得不停止，因为这样做会很危险。对此，双方也许都不会有太多悔恨，更让他们担心的其实是把间谍派到敌国去再也不安全了。而且征服者也不敢占领敌人过去的领土，除非以前居住在这块土地上的每个人不是逃了就是死了。可是即便采取了所有这些预防措施，容易乐观过头的军人可能还是希望自己散播的瘟疫只会消灭敌人。由于双方都抱有这种希望，所以双方都有可能会成功地破坏敌人，同时不可避免地对自己造成同样的伤害。

还有一些制造灾难的方法，可能没那么骇人听闻。比如对土壤下毒，使它无法再长出庄稼，或者让庄稼（而不是人）都染上病。科学的绝妙之处在于能使人们互相伤害对方，而我们不可能预见到这种伤害的极限在哪里。至今还没有任何迹象表明，人们在相互灭绝的道路上到了最后关头会裹足不前。铁幕的两边都在以最快的速度生产氢弹，双方都指望成败在此一举。但是，决定国家政策的大人物们却看不出这场同归于尽的比赛还有什么其他选择。

难道人类就没有足够的常识来避免这场没有人愿意看到的灾难吗？问题在于，尽管没有人想要这个结果，可是为防止这种情况所需要采取的措施和根深蒂固的心理习惯是如此相悖，以至于很难说服人们相信这么做是非常必要的。这太难了，我认为需要数年时间才能产生必要的观念变化，而与此同时，我们必须寄希望第三次世界大战的爆发能被间或冒出来的权宜之计和应急措施所阻止。如果新的世界大战被人们以某种方式阻止了，那么或许也可以希望在接下来的一二十年里，甚至政治家也能学会从现在必需的崭新视角来理解公共事务。

如果人类想要避免自己幼稚的聪明所造成的种种后果，那么所有的世界强国，至少美国和苏联，需要学会为“人”着想，而不是为他们自己阵营里的人着想。以前从来没有谁作为人类处于危险之中，以前从未有过不同群体之间的对抗会使全人类有绝种的危险。从可能获得胜利的角度来思考政治已经变得不合时宜。如果人类要存续下去，那么不仅西方列强，还有那些现在被源于马克思主义的过时的 19 世纪哲学所支配的国家，都必须承认和奉行这个真理。这样的希望目前看来似乎是有远见的，但是我相信就连共产主义国家的统治者都不会无限期地坚持这样一种政策，尤其当这种政策明摆着不可能让他们在一种宗教式的狂热和权欲心的驱使下获得世界的主宰权。

人类对技能提高的需求（如果是为了给人类带去幸福而不是不幸），每一次都会相应地增长人类的智慧。在过去 150 年里，技能获得了前所未有的发展，而且没有任何迹象表明这种发展步伐正在放缓。但是人类的智慧还在原地踏步，治国方针仍是 18 世纪流行的那些，人们赢得选举的口号也和过去的一样愚蠢。目光短浅的贪婪蒙蔽了人类的共同体，以至于它们要求自己的长期利益和过去一贯获得的一样多。不会增长人类智慧的技能给我们带来了种种麻烦。要消除它们，不能仅仅依靠技能的提高，而要通过符合时代需要的智慧的增长。一想到人类会灭绝，我们就不寒而栗，可是光不寒而栗是不够的。在未来所有的危急时刻，我们的艰巨任务就是努力用一种全新的智慧来取代过去那些粗暴的激情，比如仇恨、贪婪和嫉妒，形成这种智慧的前提是意识到我们身处的险境正是我们自己的荒唐所创造的，而消除危险的唯一途径就是减少我们的荒唐。一个人对另一个人的恨，会演变成他们之间的相互仇恨；个体之间的仇恨，其危害是有限的，而国家集团间的彼此仇恨，其危害可能是无限的、绝对的。不要认为你恨的人是罪有应得。我不知道有没有人活该被人恨，但我知道，恨我们认定的恶人并不能挽救人类。唯一可以挽救人类的东西是合作，合作的第一步始于每个人的内心。希望自己过得好是人之常情，可是在我们这个技术上已经一体化的世界，希望自己过得好必须和希望他人过得好结合起来，否则肯定行不通。这样一条古训，各个时代各个地方的先哲都曾宣扬过，迄今还是徒劳。现如今（我们当中的任何人如果还想活下去的话），现实的政治中必须学会思考一种智慧，这种智慧在务实的人看来是迄今为止非常适用于这个世界的。

七　宗教信仰能消除我们的麻烦吗?

有一种理论正在赢得西方世界的广泛认可，其大意是说，世界各国麻烦不断是因为宗教信仰的式微。我认为这种说法实在是有违事实。但凡信仰与这个问题有任何关系，这个世界就会多出很多信仰，数量超过早前时代的。可事实上，导致我们发现自己处于危险境地的因果关系链（正如我试图表明的那样）几乎完全与人类的信仰无关，它与其说是造成麻烦的原因，不如说是结果。

1914 年以来，世界大事的演进带有某种类似于希腊悲剧的必然性。这种必然性并非源于外部环境，而是源于参与者的个性。让我们简要地探查一下这一进程的各个阶段。

1914 年时，德国人认为自己已足够强大，可以通过武力建立一个堪与英、法、俄匹敌的帝国。结果，英、法、俄携手挫败了它的勃勃野心。后来，俄国退出一战，在1917年的“十月革命”中抛弃了传统的帝国主义政策。西方曾许诺把君士坦丁堡还给俄国人①，但在俄国单方面与德国签订和约后，这个许诺就不作数了。英法两国得到了美国的帮助，在德国击败俄国以后，战胜了德国。德国人被迫接受了屈辱的《凡尔赛和约》，承认自己是唯一犯下战争罪行的一方。德国人的“恶”，是因为他们发动了战争；俄国人的“恶”，不仅因为他们单独议和，更因为他们拒绝偿付自己的战争债务。所有战胜国后来联合攻打俄国，但被俄国击败，然后他们多少有些惊讶地发现俄国与他们形同路人。与此同时，德国人陷入了极大的困境，在愚蠢的美国共和党政府导致了大萧条之后，这种情况愈发严重了。苦难引发了歇斯底里，歇斯底里造就了希特勒。西方国家希望希特勒进攻俄国，所以并没有反对他。他们之前曾反对过相对来说无可责难的魏玛共和国，但是通过与希特勒交好，他们向全人类证明了他们其实完全没有道德标准可言。所幸，希特勒是个疯子，最终自取灭亡。西方很高兴接受俄国的帮助来获得这样的结果，虽然俄国在第一次世界大战结束时和德国一样山穷水尽，但到第二次世界大战结束时已然强大了起来。英国一向对俄国充满敌意，可是因为惧怕德国，它在1907年到1917

① 英、法和俄国在1915年签订《君士坦丁堡和海峡问题秘密协定》，承诺君士坦丁堡战后属于俄国。——译注

年期间迫使自己与俄国保持着一种貌似友好的关系。到第二次世界大战结束时，国际社会发展出了一种全新的格局。西欧已经不再重要，苏联和美国是仅有的两个强国。接下来的情况与过去一直发生的多少有些类似，即这两个超级大国相互敌对，都看到了称霸世界的机会。俄国承袭了西班牙腓力二世、拿破仑和德国威廉二世的政策，美国则延续了英国在整个 18、19 世纪一以贯之的政策。

上述这一切，除了技术之外没有什么是新的。两大强国之间的冲突和过去的一样，只不过技术已然使得强国更强，战争更具毁灭性。如果俄国仍然依附正统教会，那么情况也不会有什么两样。这样一来，我们西方人就会指出我们所认为的希腊教会里的异端邪说。我们的宣传，任何读过克里米亚战争①记录的人都可以看到。我绝不是在为现今的苏联政权辩护，正如我不该为沙皇政权辩护。我想说的是，这两者极为相似，尽管一个是信奉基督教的，另一个不是。我还想说一句，就算现在的苏联政府信的是基督教，情况也不会有什么两样。它和美国

① 以俄罗斯为一方，以英国、法国、奥斯曼（土耳其）帝国以及（1855 年开始的）撒丁-皮埃蒙特为另一方的战争。俄国对巴尔干存在扩张主义野心，企图在奥斯曼帝国建立保护东正教基督徒的摄政政体，导致这场战争的爆发。1853 年 7 月，俄国占领摩尔达维亚和瓦拉几亚，10 月土耳其宣战。1854 年 3 月，随着土耳其舰队在锡诺普港被击溃，英国和法国参战。联军围攻克里米亚塞瓦斯托波尔港市达一年之久，俄国军队终于在 1855 年 9 月撤离该港口。1856 年在巴黎正式达成和约。双方各损失 25 万人的兵力，许多人在克里米亚条件极其恶劣的医院里病死。——译注

之间冲突的是古已有之的强权政治的分歧。从根本上讲，它不是信仰什么和不信仰什么的矛盾，也不是一种信仰和另一种信仰的抵触，而是两个强大帝国之间的冲突，各方都看到了称霸世界的可能。

没有人敢说第一次世界大战从某种角度上讲是由于发动战争的统治者不信基督教。俄国沙皇、德国皇帝和奥地利皇帝全都是正经八百的基督徒，爱德华·格雷爵士①和威尔逊总统也都是。当时只有一位著名政治家不是基督徒——让·饶勒斯②，他是一位反战的社会党人，后来遭到暗杀，对此几乎所有的法国基督徒都表示赞同。在英国，只有两位内阁成员因为反战而辞职，他们是约翰·彭斯和莫利勋爵，后者是位著名的无神论者。德国也是如此，唯一的反对意见来自李卜克内西领导的无神论者们。在俄国，当无神论者夺取政权后，他们做的第一件事就是议和。布尔什维克们确实没有把和平延续下去，但是鉴于所有来攻打他们的战胜国都是信基督教的，这一点也就不足为奇了。

但是，让我们抛开种种政治细节，更加全盘地探讨一下我们的问题。基督徒认为自己的信仰是行善的，而其他的信仰是作恶的，他们对共产主义信仰就是这么想的。我想要强调的

① 1905—1916 年任英国外交大臣。——译注

② 巴黎地铁 2 号线和 5 号线停靠的 Jaures 站，即以他的名字命名。——译注

是，所有的信仰都有害。我们可以把“信仰”定义为对于某种无法证实的东西坚信不疑。如果能证明，没有人会称它为“信仰”。比如2加2等于4或者地球是圆的这种，我们不会把它叫做信仰。我们只会在希望用情绪代替证据的时候才说到信仰。用情绪代替证据很容易导致争斗，因为不同的集团会用不同的情绪代替证据。基督徒相信基督复活，共产主义者信奉马克思的价值理论。这两种信仰都需要靠宣传，如果有必要的话，就用战争来捍卫。在这方面，这两者是半斤八两。如果你认为人们应该相信某种不能用理性的方式进行辩护的东西（这一点是极其重要的），那么人们信的这样东西究竟是什么也就无关紧要了。在你能控制政府的地方，你把这样东西教给大脑尚未发育完全的儿童，你禁止人们读那些内容与此相反的书或者干脆将其付之一炬。在你控制不了政府的地方，如果你足够强大，就会建立武装力量去征服人们。所有这些都是笃信某种信仰所不可避免的后果，除非你像贵格会教徒一样，满足于永远只做势单力薄的少数派。

一些神志看起来正常的人居然认为信奉基督教或可阻止战争的发生，对我来说，这简直太不可思议了。这些人似乎完全不能以史为鉴。罗马帝国在君士坦丁大帝统治时期变成了基督教国家，可是灭亡之前它几乎一直在东征西战。灭亡后，它分裂成几个基督教国家，这些国家继续打来打去，尽管必须承认它们也时不时地跟非基督教国家交战。从君士坦丁大帝的时代到今天，没有任何证据表明基督教国家不如其他国家好战。事实上，一些最血腥的战争恰恰源于基督教不同派别之间的争执。谁都不能否认路德和罗耀拉都是基督徒，谁都不能否认他们之间的分歧引发了漫长而血腥的战争。

有些人辩称，基督教教义虽然可能不是真理，但对于促进社会凝聚颇为有效；基督教或许算不得无懈可击，却好过其他所有同样具有社会凝聚效果的信仰。我承认，我宁愿看到全世界信奉基督教，也不愿看到人们信奉马克思主义。可是我不太愿意接受这个观点：如果没有有用的谎言，社会凝聚就无法实现。我知道，柏拉图是这个观点的支持者之一，至于讲求实际的政治家的名字则可以写出一长串，但我认为，即使从务实的角度看它也是错的。对于理性的争论就足以解决的问题，没有必要进行自卫。十字军东征或者师出有名，但我想不出它们哪次干过好事。当人们把基督教视为重新武装的一部分时，他们正在夺去它可能具备的任何精神价值。而且，为了使它能成为有效的重新武装，通常认为它必须是好斗的、教条主义的和心胸狭隘的。当人们把基督教当成与俄国交战时的援军，他们所期待的可不是贵格会那样的基督教，而是某种颇有麦卡锡参议员之风的东西。能让一种主义在战时有效的是它的消极面，也就是它对那些不肯奉行这一主义的人的仇恨。没有这种仇恨，它就不能达到好战的目的。可是，一旦它成了战争武器，对于不信仰这种主义的人的仇恨就变得突出了。因此，当两种信仰相互攻讦时，它们各自的阴暗面都得到了发展，甚至复制出它想象的任何在信仰攻讦中有效的东西。

狂热会提升战场上的获胜机率是一个历史无法证实的说法，尽管那些假“现实主义”之名掩盖自己无知的人时常这样认为。当罗马人征服地中海一带时，狂热对他们的成功并没有起到任何作用。古罗马将军们的目的要么是获得神庙里存放的黄金，一半留给自己，一半留给自己的士兵；要么是像恺撒一样载誉而归，这能使他们在罗马赢得选举，并且抵消之前所欠债务。在基督教徒和伊斯兰教徒的早期较量中，基督徒是狂热的一方，而伊斯兰教徒是获胜的一方。基督教捏造了伊斯兰教容不下其他信仰的故事并加以散布，可是把这罪名安在几个世纪前的伊斯兰教身上是完全错误的。每个基督徒都听说了哈里发毁掉亚历山大图书馆的故事。而事实上，这座图书馆反复被毁，又反复重建。第一个毁掉它的是尤利乌斯·恺撒，最后一次被毁时先知还没有出现。与基督徒不同，早期的伊斯兰教徒能容忍所谓的“有经者”[①]，只要他们进贡就行。而基督徒不仅迫害异教徒，也互相加害。相比之下，伊斯兰教徒因为开明而受到欢迎，这在很大程度上有助于他们的征服行动。后来，西班牙被带着炽热仇恨的犹太人和摩尔人攻陷；法国因迫害雨格

① 指犹太教徒和基督徒。——译注

诺派[①]陷入灾难性的困顿；而希特勒失败的一个主要原因是他的原子弹研究团队里没有犹太人加入。从阿基米德那时起，战争就一直是门科学，精通科学也一直是打胜仗的主要原因之一。但是，精通科学很难与狂热相结合。众所周知，因为斯大林的命令，苏联生物学家被迫赞同李森科[②]的错误学说。显然，对每个有能力自由探索科学的人而言，李森科的学说所提高的苏联小麦产量不太可能超过正统遗传学说所提高的西方小麦产量。同样，我认为在斯大林统治下的苏联，原子能研究能否长期持续发展也是非常令人怀疑的。也许苏联现在正在变得自由，也许美国人的偏执将阻碍美方的原子能研究。对此，我不发表任何意见。但是有一点可能很明显，如果知识分子不自由，科学领域的胜利是不可能长久的。

让我们从某种更为广阔的视角来看一看狂热的问题。有些人本身并非狂热分子，却为狂热行为摇旗呐喊，在我看来他们的主张不但是错的，而且是卑劣的。人们似乎认为，除非一个国家的每个人都不得不——要么因为受到宗教迫害，要么因为受的是一种不允许人自由思考的教育——相信一些有理智的人绝对不会相信的东西，否则这个国家就会因为不和而四分五

① 16—17 世纪法国新教徒形成的一个派别，长期惨遭迫害。——译注

② 苏联农学家，坚持生物的获得性遗传，否定孟德尔基于基因的遗传学。他得到斯大林的支持，使用政治迫害的手段打击学术上的反对者，使他的学说成为苏联生物遗传学的主流。——译注

裂，或者因犹豫不决的疑心而陷入瘫痪，以至于不可避免地陷入灾难。就像我之前谈到的，这种观点不仅没有历史先例可资证明，而且和人们预期的东西恰好相反。当一支英国军事探险队 1905 年进入拉萨时，当地士兵一开始奋起反抗，因为僧人说他们念了咒，可以保佑士兵不被铅弹击中。然而当士兵中弹身亡时，僧人给自己找的借口是子弹里含镍，这让他们的咒语失了效。此后，英国军队在当地很少遭遇抵抗。西班牙的腓力二世深信上天一定会保佑他战胜异教徒，以至于完全忽略了打英国人和打土耳其人是不一样的，所以兵败垂成。① 很多人以为，人可以在诱导下相信某个领域中有悖于事实的东西，同时又在另一个领域保持科学头脑。事实上并非如此。要想让自己的头脑始终接纳新的证据绝非易事，而且几乎不可能只对某个方向如此，在另一个方向上则精心呵护自己的愚昧无知。

一个人如果不借助让人安心的神话就无力应对生命中的危险，那他不仅软弱，还有点让人鄙视。而他某种程度上也差不多意识到了这些只是神话，自己之所以相信，不过是因为它们听着让人安心。可是他不敢面对自己的这个想法，因而不能通过反思得出任何合乎逻辑的结论。此外，由于他（尽管很微弱地）意识到自己的观点不合理，所以当人们提出质疑时他就会

① 西班牙的腓力二世积极对外扩张，1571 年全歼奥斯曼帝国舰队，1588 年远征英国却大败而归。——译注

勃然大怒，进行宗教迫害或政治迫害，采取审查制度以及一种狭隘的禁锢式的教育体制作为统治政策。如果他成功了，就会导致人们都变得胆小怕事、不敢冒险、固步自封。让人们变成这样正是威权主义统治者一贯的目的。他们通常会得偿所愿，而这样也把国家引向深渊。

许多对所谓“信仰”的反对意见，并不是依据受怀疑的信仰而做出的。你可能相信了《圣经》《古兰经》或者马克思的《资本论》的文字感召力，但无论你对其中哪一种感兴趣，都必须闭目塞听不接受证据；一旦你选择在一个方面闭目塞听不接受证据，你就会在另一个方面也这么做，只要诱惑足够大。惠灵顿公爵从不允许自己怀疑伊顿公学操场的价值，[①] 因而也永远无法接受来复枪[②]比老式滑膛枪先进的事实。你也许会说，信上帝并不像信伊顿公学的操场那么有害。我不会在这个问题上争辩，我只想说它会变得有害，其程度和你暗自怀疑它是否与事实相符的程度成正比。重要的不是你信仰什么，而是你如何信仰它。有段时间，相信地球是平的也是合理的。当时，这种信念并没有造成应归咎于所谓“信仰”的种种不良后果。但在当代，那些仍然坚信“地球是平的”的人必须拒绝理性思考，并且敞开头脑去接受这个荒谬的想法乃至所有的荒谬言

① 据传惠灵顿公爵说过“滑铁卢战役赢在伊顿的操场上”，这句话纯属讹传，却广为人知。——译注

② 即线膛枪。——译注

论。如果你认为自己的信念是建立在理性思考之上的，你可以通过辩论而不是迫害来维系它，如果辩完证明你是错的，你可以放弃这个念头。可是，如果你的信念是基于信仰的，你会意识到辩论没用，于是诉诸强力，要么实施迫害，要么用所谓的“教育”遏制和扭曲年轻人的思想。后一种是尤为典型的懦夫行为，因为钻了年轻人头脑不成熟、疏于设防的空子。很不幸，各文明国家的学校里或多或少都在这么做。

除了一般性的反对信仰的论据之外，还有一种特别可恶的观点，说什么采纳“山上宝训”中的教义能让原子弹更有威力。如果我是个基督徒，我会认为这简直太亵渎神明了。

我不认为教条信仰的沦丧只有坏处，没有好处。我承认新教条体系，比如像纳粹的，甚至比旧体系还要糟糕，但是如果年轻人从没被灌输过正统的教条，那新体系可能永远也不会取代它占据人们的思想。斯大林的语言里充满了对神学院的回忆，他是在那里受的教育。世界需要的不是教条，而是一种科学探索的态度，与此同时还要相信折磨几百万人的做法是不可取的，不管这是斯大林下的命令，还是根据信徒的形象想象出来的神所为。

八　征服?

本章中，我希望探讨在建立一个单一的，比如能阻止大规模战争爆发的世界权威方面，军事力量可以发挥什么样的作用。在目前的紧张局势下，很有可能或者至少有一定可能，一方或者另一方的忧虑和不安全感会变得不堪忍受。如果这种情形发生了，它会使人们相信，等打完一场世界大战，在自己这方（无论哪一方都有可能）获胜而对手吃了永无翻身之日的败仗之后，就能找到解决办法。实际上，这正是东西方紧张局势持续不稳的主要原因之一。神经紧张到无法承受的那个时刻可能很容易来临。因此（如果没有其他原因），如果一场世界大战要在现在这样的环境下爆发，有必要研究一下，它会在多大程度上以皆大欢喜告终。

如果世界大战明天打响，逻辑上会出现三种可能的结局：

西方获胜；共产党人获胜；打成平手。若是最后一种，则未来会出现两种可能：可能像《亚眠和约》[①] 一样，和平不过是给双方提供了喘息时间，他们将利用这段时间来准备，尽快重启战端；也可能像“三十年战争”末期的《威斯特伐利亚和约》[②] 一样，标志着意识形态斗争时代的结束，开启一个互相容忍的新时期。眼下，我不想探讨如果战争打成平局、参战各国毫发无伤的话会发生什么情况，我想探讨的是，一个理想的世界政府能否从任何一方的胜利中脱颖而出。

让我们先假设是苏联胜了。尽管这样一种假设肯定让所有的非共产主义国家感到苦恼，可是根据目前的局势，恐怕必须承认这种情况有可能发生。在1945年之后的头几年里，情况还不是这样，因为美国仍是唯一拥有原子弹的国家。但在当时，美国政府还没有意识到与苏联的敌对状态是不可避免的，刚刚打赢了二战的美军也急于回家，不愿立即投入另一场战争。如今，政治局势已经发生了变化，军事力量的格局也今非昔比，原因之一是中国已经变成了共产党人的天下，更重要的是苏联也有了原子弹和氢弹。因此，在目前局势下，不可以想当然地以为西方必然获胜。

如果苏联人完胜，他们的军队占领了美国以及整个西欧的

---

① 1802年签署，暂时结束了法国大革命期间英法两国的敌对状态，但和平仅仅持续了一年。——译注

② 1648年签订，标志着欧洲三十年战争（1618—1648）的结束，确立了国际关系中的主权国家原则。——译注

战略要地，那么世界又将如何？有没有可能在全世界建立起听命于苏联的卫星政府，就像他们在波兰、匈牙利和捷克斯洛伐克建立的那样？有没有可能通过这样的政府，在全世界牢固地确立共产主义的权威？这些我一刻也不会相信。我们已经看到，在东德，驯服一个西方文明社会何其困难。但东德人口少，离苏联也近。靠武力压制一个人口多并且满腔敌意的国家，比如美国，引发的问题之一就是国家恐怖主义和秘密警察很快会越过自己的权力范围。通过征服建立起来的东方帝国必然会分崩离析，就像阿提拉①的帝国和帖木儿②的帝国一样。一旦这样，西方世界的强国会重新获得独立，痛苦、仇恨和恐惧会比现在更甚嚣尘上，西方的一切能量都会被它吸走，化作对复仇的渴望。由此，我们只能得出这样的结论：照这样下去，想要创造一个更美好的世界，或者想在一个残暴的极权制度下实现世界的持久统一是没指望的。

接下来让我们看看如果西方获胜，世界将会怎样。关于这一点，我想我们可以从德国和日本的情况来判断。这两个国家，尽管法国和澳大利亚都不情愿，还是重新武装③了起来，

---

① 406—453，匈奴王，罗马帝国最成功的蛮人入侵者。——译注

② 1336—1405，突厥化的蒙古汗，征服了西亚、南亚和中亚的广袤地区。——译注

③ 二战之后，美国把德国、日本重新武装起来，以德国对付苏联，以日本对付中国，因为在美国看来，共产党国家是更大的威胁。但是法国在二战中受过德国侵略，澳大利亚之前也跟入侵该国的日本有过恶战，所以这两国不愿意看到德、日的重新武装。——译注

可谁也没法保证20年后，这两国的政府会比第二次世界大战中被推翻的那个好到哪里去。类似的结果会在西方赢得第三次世界大战之后更确定无疑。而真正的麻烦——民族主义则会继续存在，并且很快又会出现在类似于目前存在的紧张局势中。

基于上述原因，我并不认为以一方战胜另一方而告终的大战会带来长期持续的改善。我也不打算考虑一场大战所造成的破坏以及各地有组织的政府垮台的可能性。如前所述，我一直相信军国主义者会引发战争等诸如此类的假设，所以我要考虑的是（如果假设成真）当战争再次让位于政治的时候，结果会是怎样的。如果这种观点是合乎逻辑的，那么我们最终必须寄希望于东西方之间达成的协议，而不仅仅是看谁在武力上更胜一筹。

不过，我不想否认，万一要建立世界政府，在其覆盖全球的过程中会涉及某些武力因素。这个问题就像其他许多政治问题一样，是需要量化的，而不能根据抽象原则来处理。我们想要表达的是，如果举足轻重的大国反对，尤其是这种反对中掺杂着对战败之痛的耿耿于怀时，那么这个世界政府是不可能建成的。而且，即便所有的强国都一致同意建立世界政府，这个政府可能还是要承受压力，特别是来自它们可能得继续施压的那些文明程度较低的地区的。毫无疑问，这种压力通常可以在不真枪实弹地打一仗的情况下实现其目标；但如果因为某种特定情况实战在所难免，那它可能会速战速决，不会对人类造成重大伤害。不过，这还是留待比较遥远的未来再探讨吧。

尽管第三次世界大战可能会像前两次那样，并没有解决任何问题，反倒创造了一个比大战爆发前更糟糕的世界，政治家还是应该以说服双方相信这个事实为己任，并说服其中一方相信另一方已然接受了这个事实。我们西方国家绝不会说服大家相信苏联不会无端先发制人，这一点可能在我们看来是荒唐的。同样，苏联人也不会相信我们会在自认为军事形势于我们有利的情况下放弃发起攻击。只要这样的彼此猜疑还存在，我就不相信这个世界会进步。唯有各方都相信对方不会主动发起侵略但会抵抗侵略，世界才会进步。如果双方都相信这一点，才有可能真心诚意地进行谈判磋商，紧张局势才有可能真正地缓解，而这些在各方都竭尽所能地指责对方的恶行时是不太可能的。我这么说，并非意图否认这种恶行的存在。我只想说，强调对方的恶于双方而言都是徒劳的。也许通往和解的第一步和最容易的一步，是双方都同意把敌对宣传控制在合理范围内。下一步则是允许真实的信息穿越铁幕的阻隔。而当下，众所周知，苏联政府不允许国民了解真实的西方。西方也尚未清醒地意识到，美国正在开展一场大规模运动，以清除那些能让人们对苏联有所了解的图书馆藏书。如此设置障碍使双方互不了解是有害无益的，只会煽动起人们对第三次徒劳无益的世界大战的狂热。

在我对第三次世界大战这个问题所做的阐述中，如上所述，我已经接受了一些军人习惯性的假设，但我并不认为这些假设肯定会被证实。如果一场战争一开始就摧毁大城市，完全中断通讯，在油田燃起冲天大火——情况很可能会是这样，那么它可能导致大批军队因为食物无着而被迫打家劫舍。这个过程最后可能很容易演变成完全的无政府状态。在依赖进口粮食为生的地区和国家，很多人会饿死，而在生产粮食的地区，人们将不得不和来劫掠的士兵分享农作物。由此形成的局势将一如当年罗马帝国崩溃时。大国会逐渐瓦解，其领土上的小聚落会起而代之。强盗头子会称霸一方，并向手下提供充足的食物以获得他们的保护，对付愤怒的民众。这样的对抗如果继续下去，将不再是依靠原子弹、飞机、石油的大规模有组织的战争，而是依靠一种更古老更原始的，比如能在所有工业中心都被摧毁的情况下幸免于难的方式。从这种普遍的无政府状态出发，人类很可能要奋斗一千年才会重建所谓的“文明”，如果人类在此期间不肯汲取教训，还将再次重复整个徒劳的过程。

不过，这种预言或许与我们先前的预言一样，都犯了点乐观主义的错误。我们千万不要忘了，科学主导的战争在交战双方自取灭亡前有可能会先灭绝全人类。第三次世界大战每推迟一年，如此终结的可能性就会增加一分。因此，我们是否应该希望第三次世界大战尽快爆发呢？假如我们觉得有必要对指引我们命运的政治家以及狂热支持他们的民众的那一丁点儿自我保护的智慧感到绝望，那么这种希望就是理性的。而我本人，还不至于绝望到如此地步。我仍然认为，如果能够在战争爆发前争取到足够长的时间，让人们广泛理解战争的危害，那么建设性的治国之道或可引领大家全面防范大规模战争。所需采取的措施将是激烈的，并与强大的偏见背道而驰，但也许战争的危害会迫使人们采纳它。至于这些措施究竟会是什么，我会在下一章里进行探讨。

九　通往稳定和平的步骤

到目前为止，基于科学技术组织起来的人类社会能否稳定，仍是个大大的疑问。我在《科学对社会的影响》[①] 一书的第七章里讨论过这个问题。此处不再赘述，仅引用那一章得出的结论：

> 我的结论是一个科学化的社会只要满足了若干条件，是能够稳定的。第一个条件是全世界只有一个政府，完全掌控武装力量，因而能以强力确保和平。第二个条件是全世界普遍繁荣，从而使一部分人没有理由眼红另一部分人。第三个条件（假设第二个条件满足的话）是各地的出

① 伦敦：乔治·亚伦和安文出版社。

生率都很低，使全球总人口稳定不变或者大抵如此。第四个条件是在工作和娱乐中赋予个人主动性，并且在与必要的政治及经济框架相适应的情况下进行最大程度的权力分配。

在满足这些条件以前，一个用科学组织起来的世界将继续存在一定的严重风险。其中，最大的灾难就是人类在一场大规模战争中灭绝；其次则是堕入无政府状态，文明程度普遍降低。在此过程中，必然不可避免地伴随着令人震惊的苦难，因为地球上约一半人口将死于暴力或者饥饿。因此，头脑健全的人必然希望看到世界正朝着实现稳定所需的条件迈进，但不能说目前世界正在朝这个方向前进。那么在不太遥远的未来，一种更有建设性的发展究竟有多大希望呢？

正如前一章所言，无论其结果如何，战争似乎并不是一条能通往更好的状况的路。因此，那些把人类的未来置于短暂的权力政治游戏之上的人必然希望，在大战爆发前，眼下正处于东西方冲突中的双方都能意识到战争是无用的，都能愿意给予和接受一种令人信服的保证——彼此共同下决心维护和平。

这个过程的第一步会是什么呢？东西方现在都被狂热分子所统治，他们都认定对方是邪恶的，想象对方的毁灭会带来天下太平。按照苏联政府所接受的一种意识形态，仇恨过去一直是，现在也仍然是推进人类事务的力量。这种意识形态带有对不容置疑的教条的迷信，它相信经济决定论的盲目力量已然决定了资本主义世界和共产主义世界的斗争将是两败俱伤，这种斗争一旦发生，正如马克思主义学说所预言的，必然以共产主义在全世界范围的胜利而告终。

可是，怎样才能阻止这种狂热行为呢？有一种观点目前看来正在日渐影响美国的舆论，它认为唯有狂热才能制服狂热，对付共产主义的方式就是宣扬共产主义是邪恶的，其阴谋诡计是如何的恐怖，千方百计地阻止对共产主义前景的认知和理解。

这可不是什么治国之道。如果像我们一直探讨的那样，人类种种麻烦的解决之道就不能在战争中获得，而只能在调解以及逐渐减少相互的仇恨与恐惧中找到。开始采取一种调解政策的困难在于，双方都相信只有军备才能带来安全感。在能源和技能都毫不吝惜地用于备战的情况下，苏联百姓对于衣食短缺、无家可归以及常见的困苦只能认命。在美国，必须说服国会现在还不是降低所得税的时候，而要在这一点上说服国会，唯有极尽能事地渲染苏联的威胁，并且抹得越黑越好。这种情形看上去如此令人绝望，原因之一是双方的理性都处在一种相当低的水平。双方都相信，如果对方胜算较大的话就会先发制人。因此，双方都相信己方的军备必须强大到足以使对方断了发起攻击的念头。一方扩充军备时，必然会引发另一方的恐慌，因而后者也会进一步扩充军备。没有一方敢于启动调解活动，或者向全人类强调战争会导致的种种恶果。因为人们认为，如果己方这么做的话，对方就会视此为畏惧的证据，并由此激发出好战性。这种情形和以决斗处理问题的时代的情形如出一辙，决斗的双方既不想杀人，也不想被杀，之所以有决斗的冲动，是因为害怕被人们当成懦夫。个人之间决斗的现象已经消亡，而国家之间的决斗却出于同样荒唐的心理被保留了下来。

怎样做才能减少彼此的疑虑呢？因为前文已经探讨过的一些原因，无论是共产主义阵营还是反共产主义阵营，要迈出第一步都是很难的。我认为，第一步必须由中立的强国来迈。中立的强国所处的位置有两大优势：一是不会被指责为懦夫，二更为重要，就是能和两边政府对话却不会被怀疑抱有敌意。在西方国家，舆论仍然是一种力量，但要对苏联施加任何影响，就必须能说服苏联政府，这一点唯有几个国家携手才有可能做到。

我会乐见印度政府任命一个委员会，由清一色的印度人组成，包括杰出的政治家、经济学家、科学家或者军人。委员会的目的是秉持完全中立的精神去调查一下，如果双方由冷战演变成实战，会出现怎样的恶果，这些恶果并不以任何方式局限于交战方，它也会加诸中立方，尽管程度可能较轻。我希望印度政府把这份报告交给所有强国的政府，并请他们说明他们对报告中的预言是否认同。我认为，如果这份报告全面地体现了委员会的调查成果，那么想不同意都很难。这种方式有可能说服双方的政府相信，没有哪一方能指望通过侵略对方而有所得。我自己也不相信眼下其中一方正在酝酿侵略对方，可是每一方都怀疑对方可能会这么做，这种怀疑的作用几乎与其有充分根据的作用是一样的。中立方必须要做的是化解这种怀疑，说服各方真正相信对方只有在受到攻击的情况下才会开战。我不知道在不久的将来是否能让双方都接受这种想法，但我认为，如果有一种权威的中立调查能不带偏见地证明各方都不能指望通过侵略对方而有所得，那么接受这种想法就会变得容易得多。这种关乎自身利益的论点是如此显而易见，如此不容置疑和令人无法抗拒，如果一个身处冲突之外的强国一定要将此告知当事国，那么经过一段时间的考虑后，它们应当会在东西方都产生效果。

一旦双方都同意并且承认战争不是解决之道，那么谈判很快就会成为可能，紧张的事态会迅速缓解。第一步会是减少官方宣传在语言和态度上的粗暴性，在外交上恢复传统的礼节。下一步则是举行外交会议，讨论双方存在的所有争端，寻找能带来稳定的途径，而不是让一方取得外交胜利。对于任何一个没有被党派之见蒙蔽双眼的人来说，显然，只要德国继续东西分治，只要拒绝承认中国事实上的政府，世界就不会安宁。解决德国的问题唯有等苏联让步，而解决中国的问题也只能有赖于美国的让步。如果双方的动机真的是希望降低战争的风险，像这样共同做出让步就不再会如眼下这般困难。我认为，要让双方产生必需的心态，中立的强国可以起到一种有益的和关键的作用。

如果引起局势紧张的种种原因被消除了，那么不管是通过上述方法还是其他方法，就有可能开始朝解决长期问题的方向前进。在这些问题当中，首先要解决的可能必须是原子能控制的国际化。对此，美国在上一场战争结束时做出了完全值得赞扬的努力，而苏联的怀疑使这一努力半途而废。[①] 从那以后，苏联的怀疑并未减少，美国的怀疑则更甚。我们必须希望这个过程会逆转，由于双方都拥有原子弹和氢弹，我认为这种扭转的可能性已经越来越大。

要劝诱苏联或者美国放弃绝对的国家独立并不容易，而在此之前，世界是不会安全的。我想，最理想的情况是“国际紧张局势的缓和”，在此期间对于战争的恐惧不再迫在眉睫，并且会在国际紧张局势持续缓和的情况下逐渐意识到，某种看起来非常珍贵的自由已经不再可能存在于一个因技术而变小、变得过于拥挤的星球上了。每个习惯了都市生活的人都理所当然地接受了对于自由的各种限制，而这些限制对于一个地广人稀

---

① 指1946年6月14日，美国驻联合国原子能委员会代表团团长巴鲁克提出一项由国际组织控制核试验的方案，史称“巴鲁克计划”。而苏联代表葛罗米柯很快就针锋相对地提出了苏联的计划。从此，美苏之间就开始了漫长而毫无结果的限制核武器发展的谈判和争吵。——译注

的乡村是没必要的。只要一大群人聚集在一个城镇的任何地方，警察就会说“请快点儿走”，没有人会为此生气。各个国家迄今享有的无政府式的自由在现代社会根本行不通，这就好像行人或者机动车驾驶者想在伦敦或纽约街头肆意妄为、不愿遵守交通规则。

可是，如果要使成立任何形式的国际政府成为可能，就必须给狂热降温，必须养成从科学角度来观察社会的习惯，而不能感情用事。不能靠野蛮恶习去终结不良行为。在18世纪的英格兰，行窃会被绞死，可那时的盗窃案比现在要多得多。如果苏联人的狂热增长放缓了，不会是因为美国人的狂热极大地增长了。相反，美国人的狂热是苏联人的狂热所引发的，美国人的狂热唯一可能起到的作用就是产生共鸣，这会进一步刺激苏联人的狂热。如果这个世界要融为一体，就好像只有这么才能生存下去，那它只能靠科学精神的传播。我这么说，不是指技术上的巧妙，而是指依据证据来做出判断，以及在证据不足的情况下不急于做出判断的习惯。科学，无论造福还是作恶，都是我们这个时代所特有的。而狂热，不管是印度教徒的、穆斯林的、天主教徒的，还是共产主义者的，都是中世纪的遗产。在国际紧张局势缓和期间，首先要做的一件事就是终止各地政府对于狂热的盲目行为的鼓励以及由此催生的仇恨。

有些东西是全人类共享的。其中之一，也许是最重要的，就是承受苦难的能力。我们有能力最大幅度地消除世上的苦难和悲惨，却不应允许对立的、非理性的信仰把人类分割成彼此敌对的群体。在政治上一如在其他地方，一个聪明的人类只能记住，即使最大的集团也是由个人组成的，个人可以快乐也可以悲伤，世上每一个受苦受难的个人都意味着人类智慧的败笔，共同人性的失败。治国之道的目标不应该是抽象的，而是应该像舐犊之情一样具体。世界需要智慧，也同样需要人性的温情。两者眼下都缺乏，但人们不希望这种情形会永远继续下去。

十　前言或后记?

按照地质学和进化史统计的时间，人类是最近才出现在自己所居住的星球上的。在无数万年里，只有少数几种动物存在。又过了无数万年，新的物种逐渐进化出来——鱼，爬行动物，鸟，最后是哺乳动物。人，我们隶属的物种，至多才存在了 100 万年，而人达到现在所拥有的脑容量只有差不多 50 万年。人类出现在宇宙史乃至生命史上，是最近的事，至于人类那一度可怕而又精彩的巨大能量的出现就更晚了。大约 6 000 年以前，人类才发现自己独特的从事人类活动的能力。我们可以说，这些活动始于书写的发明和管理机构的组建。自从有历史记载以来，人类并不是一直平稳发展的，而始终是个适合和开始的问题。进入金字塔时代以后，第一个真正值得注意的发展出现在古希腊时期，此后一段时间再也没有可以与之相提并论的发展，这种情况一直持续到大约500年前。在过去500年间，各种变化日新月异，最终其速度之快以至于一个上了年纪的人对理解自己所处的世界简直无法抱什么希望。这一切听上去似乎不太可能：一个事物的状态竟然与开天辟地以来就存在的事物的状态有如此大的不同，并且前者还能持续下去，又不至于让人头昏眼花、极度眩晕，而这两种反应将会终结疯狂加速，因为心脏和大脑在此过程中已经日渐疲惫不堪。这样的恐惧并不是非理性的：恰恰是世界的现状催生了人们的恐惧，而高歌猛进的现在和悠哉游哉的过去形成的鲜明对比则把这些恐惧带进了善于反思的历史学家的脑海里。

然而，当我们抛却当下的种种纷扰，像天文学家一般观察这个世界时，会发现自己对未来的思考已然延伸到许多个世代之后，甚至比地质学思量的还要久远。从物理性角度讲，看来没有什么理由能阻止我们的星球在接下来成千上万甚至上亿年仍然可以居住，如果人类可以存续下去（暂且不论其种种狂乱举动将会造成的危险），没理由不去继续他如此晚近才踏上的成功之路。就我们目前所知，人类在未来几百万年的命运就掌握在人类自己的手中，是投入灾难还是攀上梦想的高峰，由人类自己来决定。莎士比亚说过：

那梦想着未来的

这茫茫世界的先知灵魂。[1]

人类是否认为梦不是预兆，不过是一场以死亡告终的欺骗性幻象？又或者认为好戏才刚刚开始，我们已经听到了序曲的头几个音节，更多的还在后头？

在俄耳甫斯教徒的诗歌中，人是大地和星空的孩子；或者，用更新潮的话来说，人是神祇与野兽的结合。有些人对兽性视若无睹，有些人则对神性置若罔闻。把人描绘为纯粹的野兽简直太容易了。斯威夫特在塑造野胡[2]的时候就是这么做的，他的描述令人信服，对我们许多人来说这个印象是难以磨灭的。可是，尽管斯威夫特笔下的野胡让人厌恶，在他们身上却找不到现代人所具有的最恶劣的品质，因为他们缺少现代人所具备的智力。说人是神祇与野兽的混合体，对野兽而言不太公平，其实人必须被视为神祇与魔鬼的混合体。没有哪种野兽或哪个野胡能做下希特勒和斯大林那样的事。科学家的智慧与撒旦的恶毒相结合所能制造的恐怖似乎是没有止境的。当我们反思极权者们带给数百万人的苦难时，当我们想到他们羞辱的正是我们所属的这个物种时，很容易产生这样的想法——野胡尽管有种种不堪，但远不如现代国家中实际操纵权柄的人类更可

---

① 出自莎士比亚十四行诗第107首，此处采用梁宗岱的译文。——译注

② 即《格列佛游记》里的人形怪兽，此书作者斯威夫特把他们描绘得非常龌龊和令人恶心。——译注

怕。很久以前，人类就能想象出地狱的图景，但只有借助近代的技能才能把想象变为现实。人类的思想在明亮的苍穹和黑暗的地狱之间游走，形成某种奇怪的平衡。思索两者中的任何一个都能让人感到满足，但无法判断哪一个比另一个更符合人的天性。

在感到恐惧时，我常常不禁怀疑是否有理由希望像人这样的生物存续下去。显而易见，人不仅阴暗、残忍，而且是强大的魔鬼的化身，是宇宙美丽容颜上的污点。可这并不是全部的真相，也不是最为智慧的判断。

正如俄耳甫斯教徒的诗歌所言，人也是星空的孩子。尽管人与天文学家眼中的那个世界相比既微不足道，又孱弱无力，却能够映照出那个世界，并且凭借想象和科学知识遨游空间与时间的巨大深渊。他对自己所居住的世界的了解，是他 1 000 年前的祖先所难以置信的；鉴于他此刻获取知识的速度，完全有理由认为，如果按照现在的进程继续前行，那么 1 000 年后他所知道的同样会远远超出我们所能想象的。但人类最值得尊敬的并不仅仅（或者并非理所当然）在于知识；人类创造了美，他们会想象出不同寻常的场景，乍看如同奇幻之境；他们能够爱，能够同情全人类，能够对人类这个大集体抱有巨大的希望。诚然，这些成就属于那些出类拔萃的人，还经常遭受来自芸芸众生的敌意。可是在不久的将来，现在出类拔萃的这类人没有理由不随处可见，若果真如此，那么那个新世界里的出类拔萃的人会远远胜过莎士比亚，正如现在莎士比亚远远高过普通人。太多的知识已经被用于作恶，以至于我们的想象力不大容易想到如何利用知识为人类造福，比如将大部分人的才智提升到眼下只有少数天才才能达到的水平。当我允许自己对这个世界生出希望，希望它可以摆脱当下的困境，并且有朝一日学会把自己的未来发展交到有勇有谋者而不是残忍的江湖骗子手里的时候，我的眼前出现了一片光明景象：在这个世界上，没人挨饿，也没什么病人，工作不会过量而且是令人愉快的，人人都很心地善良，人的头脑从恐惧中解脱出来，创造出赏心悦目的东西。别告诉我这一切是不可能的。它并非不可能。我并没有说它明天就会实现，我说的是，如果人类用自己的才智去成就人所特有的那种幸福，那么 1 000 年内它就能实现。我说的这种幸福是人类所特有的，因为猪的幸福——伊壁鸠鲁的敌人指责他追寻的这种幸福[①]——不可能在人的身上实现。如果你在努力让自己满足于猪的幸福，那么你被压抑的潜质会让你感到痛苦。对于人类而言，真正的幸福是可能实现的，只有那些最大限度地发展自己神一般潜质的人才能做到这一点。对于这样的人，活在当今世界，即使幸福也必定承受着巨大的痛苦，因为他们在目睹他人受苦之时会感同身受。然而，当一个

① 古希腊哲学家伊壁鸠鲁认为善来自快乐，恶来自痛苦。他的快乐观常常被误解为纵欲主义，其实他把快乐定义为身体的无痛苦和精神的无纷扰。——译注

社会并不存在引发这种痛苦的根源时，那里的人类幸福可能会比那些被谴责生活在我们这个阴郁时代的人所能做到的一切都更完整，更有想象力、知识与同情心。

这一切的希望是不是毫无价值？我们是否还要继续把我们的事托付给那种没有同情心、无知、缺乏想象力，除了有板有眼地仇恨以及擅长谩骂之外乏善可陈的人？（我这么说，并非是一竿子打翻一船的政治家，而是在说那些指引苏联发展道路的人以及那些影响其他国家决策的人。）当奥赛罗要杀死苔丝狄蒙娜的时候，他说：“但是，可惜啊，伊阿古。哦，伊阿古，太可惜了！”在马林科夫和美国那些与他同级的官员准备毁灭人类的时候，我怀疑他们性格当中的怜悯之心是否足以让他们发出这样的感叹，甚至怀疑他们能否认清他们准备做的事情的本质。我猜，他们一刻也不曾把人看成是一个也许会如愿以偿，也许会百般受阻，总之有着多种可能性的单一物种。他们的思想总是停留在对于临时权力的小范围争夺中，考虑暂时的权宜之计，从来不曾超出这个范围。尽管如此，每个国家都必然会有很多人能够从更广阔的视角来思考。但无论是在哪个国家，希望人类越来越好的人必然会向具备这种能力的人求助。人类的未来正处于紧要关头，如果能有足够多的人意识到这一点，那么人类的未来就有了保障。那些要引领这个世界摆脱种种麻烦的人需要勇气、希望和爱。他们能否获胜，我不知道；可是抛开所有理由不论，我坚定不移地相信，他们会的。

图书在版编目(CIP)数据

伦理学和政治学中的人类社会/(英)伯特兰·罗素(Bertrand Russell)著;
黄红宇译.—上海:上海译文出版社,2018.8
(罗素文集)
书名原文:Human Society in Ethics and Politics
ISBN 978-7-5327-7787-7

Ⅰ.①伦… Ⅱ.①伯…②黄… Ⅲ.①伦理学—研究
Ⅳ.①B82②B561.54

中国版本图书馆 CIP 数据核字(2018)第 057800 号

图字:09-2014-959 号

伦理学和政治学中的人类社会
[英]伯特兰·罗素著 黄红宇译
责任编辑/钟 瑾 装帧设计/半和创意

上海译文出版社有限公司出版、发行
网址:www.yiwen.com.cn
200001 上海福建中路 193 号 www.ewen.co
山东鸿杰印务集团有限公司印刷

开本 787×1092 1/32 印张 9 插页 5 字数 143,000
2018 年 8 月第 1 版 2018 年 8 月第 1 次印刷
印数:0,001—5,000 册

ISBN 978-7-5327-7787-7/B·448
定价:48.00 元